Manual OCDE-FAO para empresas sobre deforestación y debida diligencia en las cadenas de suministro agrícolas

El presente trabajo se publica bajo la responsabilidad del Secretario General de la OCDE y del Director General de la FAO. Las opiniones expresadas y los argumentos utilizados en el mismo no reflejan necesariamente el punto de vista oficial de los países miembros de la OCDE o de la Organización de las Naciones Unidas para la Alimentación y la Agricultura.

Los nombres de países y territorios que aparecen en esta publicación conjunta siguen la nomenclatura de la FAO y de las Naciones Unidas.

Descargos territoriales específicos para la OCDE
Tanto este documento como cualquier mapa que se incluya en él se entenderán sin perjuicio respecto al estatus o la soberanía de cualquier territorio, a la delimitación de fronteras y límites internacionales, ni al nombre de cualquier territorio, ciudad o área.

Descargos territoriales específicos para la FAO
Las denominaciones empleadas y la presentación del material en los mapas contenidos en este producto informativo no implican la expresión de opinión alguna por parte de la FAO sobre la situación jurídica o constitucional de cualquier país, territorio o zona marina, ni respecto de la delimitación de fronteras. Las líneas punteadas que se aprecian en los mapas representan líneas fronterizas aproximadas, para las cuales podría no haber un acuerdo finalizado. La postura de las Naciones Unidas acerca del estatus de Jerusalén se expone en la Resolución 181(II) de la Asamblea General del 29 de noviembre de 1947 y en resoluciones posteriores de la Asamblea General y del Consejo de Seguridad relativas a este asunto.

Por favor, cite esta publicación de la siguiente manera:
OECD/FAO (2024), *Manual OCDE-FAO para empresas sobre deforestación y debida diligencia en las cadenas de suministro agrícolas*, OECD Publishing, Paris, https://doi.org/10.1787/4fd6c757-es.

ISBN 978-92-64-64472-4 (impresa)
ISBN 978-92-64-86257-9 (PDF)
ISBN 978-92-64-43819-4 (HTML)
ISBN 978-92-64-45154-4 (epub)

FAO:
ISBN 978-92-5-138654-5 (impresa e pdf online)

Publicado originalmente en inglés por la OCDE con el título: OECD/FAO (2023), *OECD-FAO Business Handbook on Deforestation and Due Diligence in Agricultural Supply Chains*, OECD Publishing, Paris, https://doi.org/10.1787/c0d4bca7-en.
Esta traducción ha sido comisionada por la Dirección de Asuntos Financieros y Empresariales y su precisión no puede ser garantizada por la OCDE. Las únicas versiones oficiales son los textos en inglés y/o francés.

Imágenes: Portada © STILLFX/Getty Images.

Las erratas de las publicaciones se encuentran en línea en: www.oecd.org/about/publishing/corrigenda.htm.

Prólogo

El Manual OCDE-FAO para empresas sobre deforestación y debida diligencia en las cadenas de suministro agrícolas (el Manual) tiene como objetivo ayudar a las empresas a integrar consideraciones sobre deforestación y degradación forestal en sus procedimientos de debida diligencia corporativa. Se basa en el marco de debida diligencia basado en el riesgo establecido en la *Guía OCDE-FAO para las cadenas de suministro responsable en el sector agrícola* (Guía OCDE-FAO) y en la *Guía de la OCDE de debida diligencia para una conducta empresarial responsable*.

Este Manual hace parte del trabajo de la OCDE y la FAO en el marco de la Guía OCDE-FAO para las cadenas de suministro responsable en el sector agrícola (Guía OCDE-FAO) (OCDE/FAO, 2016[1]) y Conducta Empresarial Responsable (CER) en la Agricultura.

El abastecimiento y el comercio de muchos productos agrícolas básicos implica una compleja red de relaciones comerciales, incluidos productores, agricultores, comerciantes, proveedores y otros actores que forman parte de las cadenas de suministro agroalimentario mundiales. A medida que crece la demanda mundial de alimentos, pueden surgir retos que provoquen impactos negativos relacionados con la expansión agrícola, incluidos en los bosques y en otros ecosistemas naturales. Como resultado, las decisiones comerciales tomadas por las empresas que abastecen, procesan y venden materias primas y productos básicos pueden causar, contribuir o estar directamente relacionadas con la deforestación o la degradación forestal.

Durante casi 15 años, las empresas y partes interesadas del sector maderero han aplicado enfoques de debida diligencia como respuesta a las regulaciones (por ejemplo, el Reglamento de la madera de la Unión Europea (*European Union Timber Regulation*) y la Ley Lacey (*Lacey Act*) de los Estados Unidos (Lacey, 2008[2])), destinadas a garantizar el origen legal de la madera. Para facilitar la debida diligencia y reducir los riesgos, los países exportadores de madera han desarrollado sistemas de verificación o de garantía para probar y documentar la legalidad, sostenibilidad y trazabilidad de los productos madereros. Paralelamente, la ONU y la OCDE han elaborado recomendaciones y directrices sobre cómo las empresas pueden integrar la debida diligencia basada en el riesgo en sus decisiones y relaciones comerciales, para identificar y abordar aquellos riesgos de la cadena de suministro que puedan tener un impacto en las personas y en el planeta. Estos esfuerzos han resultado en una reducción de los riesgos ambientales y sociales por parte de las empresas agroalimentarias, en colaboración con las partes interesadas, desde las organizaciones de agricultores y de la sociedad civil hasta las propias empresas. Sin embargo, muchas empresas siguen teniendo dificultades para comprender cómo pueden manifestarse los riesgos de deforestación y degradación forestal en sus cadenas de suministro, y cómo ellas como empresas pueden adoptar medidas prácticas para identificar, prevenir y abordar estos riesgos mediante la debida diligencia basada en el riesgo.

Este Manual tiene como objetivo ayudar a las empresas a abordar los riesgos de deforestación y degradación forestal en las cadenas de suministro agrícola mundiales a través de la debida diligencia basada en el riesgo, integrando, cuando corresponda, los esfuerzos empresariales existentes para rastrear la legalidad de la madera. El Manual está dirigido a las empresas agroalimentarias que se abastecen o utilizan materias primas y productos que pueden estar asociados con la deforestación o la degradación forestal. Aunque el impacto sobre los bosques se produce en los niveles superiores de la cadena de suministro, las empresas en los niveles inferiores a menudo impulsan la demanda de estas materias primas, lo que a su vez aumenta los riesgos de deforestación. Por lo tanto, este Manual ha sido diseñado para ser utilizado por las empresas a lo largo de toda la cadena de suministro, desde la producción hasta la venta al por menor.

Como parte de la elaboración de este Manual, la OCDE y la FAO convocaron a un Grupo de Trabajo de Expertos de Múltiples Partes Interesadas (*Multi-Stakeholder Expert Working Group, MSWG*) compuesto por partes interesadas de empresas, gobiernos, sociedad civil, academia y otros, para contribuir a la redacción de este Manual. Se incluyeron elementos e informaciones útiles con el objetivo de ayudar a las empresas a poner en práctica la debida diligencia basada en el riesgo para abordar la deforestación. Además de los comentarios recibidos por el MSWG, se organizó una consulta pública informal entre junio y julio de 2022.

Agradecimientos

La OCDE y la FAO desean agradecer a todas las partes interesadas que contribuyeron a la elaboración de este Manual, desde empresas, instituciones académicas, organizaciones de la sociedad civil y organismos de certificación, hasta numerosos gobiernos de todo el mundo. Un agradecimiento especial al experto independiente Duncan Brack, quien dirigió el proceso de redacción de este Manual en cooperación con la OCDE, la FAO y el Grupo de Trabajo de Expertos de Múltiples Partes Interesadas (*Multi-Stakeholder Expert Working Group, MSWG*).

Desde el Centro de la OCDE para la Conducta Empresarial Responsable, este Manual fue redactado y supervisado por Shivani Kannabhiran, Sophia Gnych y Sebastian Weber. La OCDE agradece al Grupo de Trabajo de la OCDE sobre Conducta Empresarial Responsable (WPRBC) y al Grupo de Trabajo sobre Políticas y Mercados Agrícolas (*Agricultural Policies and Markets, APM*) por sus aportaciones y comentarios a este Manual.

Desde la Organización de las Naciones Unidas para la Alimentación y la Agricultura (FAO), el Manual fue redactado por Tomislav Ivančić, Caroline Merle y Kristin DeValue, bajo la supervisión de Pascal Liu, Tiina Vähänen y Serena Fortuna. Un agradecimiento especial a Astrid Agostini, así como a los colegas de la División de Mercados y Comercio de la FAO, y a las oficinas de todo el mundo que han dado apoyo técnico a este Manual.

Este Manual ha sido financiado por el Ministerio Federal de Cooperación Económica y Desarrollo de Alemania (BMZ) y cuenta con el apoyo de Deutsche Gesellschaft für Internationale Zusammenarbeit (GIZ) GmbH. Franziska Rau, asesora de la Iniciativa Cadenas Agrícolas Sostenibles (INA) de GIZ, ha realizado valiosas aportaciones al Manual en nombre del equipo de deforestación de la INA.

Índice

FIGURAS

TABLAS

Siga las publicaciones de la OCDE en:

https://twitter.com/OECD

https://www.facebook.com/theOECD

https://www.linkedin.com/company/organisation-eco-cooperation-development-organisation-cooperation-developpement-eco/

https://www.youtube.com/user/OECDiLibrary

https://www.oecd.org/newsletters/

Siga a la FAO en:

Organización de las Naciones Unidas para la Alimentación y la Agricultura

https://twitter.com/FAOenEspanol

https://www.facebook.com/FAOenespanol

https://www.linkedin.com/company/fao

https://www.youtube.com/user/FAOoftheUN

https://instagram.com/fao

Resumen ejecutivo

La Guía OCDE-FAO para las cadenas de suministro responsable en el sector agrícola (Guía OCDE-FAO) ayuda a las empresas del sector agrícola a cumplir con los estándares internacionales vigentes en materia de conducta empresarial responsable en las cadenas de suministro agrícolas. La Guía OCDE-FAO es un ejemplo del creciente reconocimiento de cómo la debida diligencia basada en el riesgo puede ayudar a las empresas a identificar y responder a los riesgos en sus operaciones y en las cadenas de suministro mundiales. Además de las medidas de debida diligencia adoptadas por las empresas, múltiples gobiernos han adoptado o tienen previsto introducir obligaciones de debida diligencia en las cadenas de suministro mundiales para hacer frente a los riesgos de deforestación, entre otras medidas.

Las decisiones empresariales tomadas por las empresas que abastecen, procesan y venden materias primas agrícolas o productos alimentarios pueden tener un impacto en los bosques, incluyendo deforestación. Como riesgo importante relacionado con el abastecimiento, la deforestación también puede tener impactos mayores sobre los ecosistemas y las personas que dependen de ellos. Sin embargo, muchas empresas tienen dificultades para comprender cómo pueden manifestarse los riesgos de deforestación y degradación forestal en sus cadenas de suministro, incluyendo medidas prácticas que pueden adoptar para identificar, prevenir y abordar estos riesgos mediante la debida diligencia basada en el riesgo.

Este Manual ha sido desarrollado por la OCDE y la FAO para ayudar a las empresas a integrar consideraciones sobre deforestación y degradación forestal en sus esfuerzos de abastecimiento responsable y debida diligencia corporativa. Se basa en el extenso trabajo y experiencia de la FAO para detener la deforestación y la degradación forestal, promoviendo a su vez la gobernanza responsable de la tenencia. El manual se basa en los principales estándares internacionales, respaldados por los gobiernos, en materia de debida diligencia en la cadena de suministro y la conducta empresarial responsable: las Líneas Directrices de la OCDE para Empresas Multinacionales sobre Conducta Empresarial Responsable y el marco de debida diligencia asociado, que se encuentra descrito en la Guía OCDE-FAO para las cadenas de suministro responsable en el sector agrícola y la Guía de la OCDE de debida diligencia para una conducta empresarial responsable. Este Manual muestra cómo puede aplicarse la Guía OCDE-FAO para abordar la deforestación, contextualizando las recomendaciones existentes y ayudando a los usuarios a comprender cómo introducir de forma proactiva la debida diligencia y reducir el riesgo potencial de deforestación en las cadenas de suministro.

Introducción

Este capítulo introduce el Manual, explica para quién ha sido elaborado y proporciona definiciones clave.

El Manual OCDE-FAO para empresas sobre deforestación y debida diligencia en las cadenas de suministro agrícolas (el Manual) tiene como objetivo ayudar a las empresas a integrar consideraciones sobre deforestación y degradación forestal en sus procedimientos de debida diligencia corporativa. Se basa en el marco de debida diligencia basado en el riesgo, establecido en la Guía OCDE-FAO y en la Guía de la OCDE de debida diligencia para una conducta empresarial responsable.

El Manual proporciona información de contexto, recursos y medidas prácticas que las empresas pueden adoptar al implementar cada uno de los pasos de la debida diligencia basada en el riesgo, conforme con la Guía OCDE-FAO. Se basa en las prácticas empresariales actuales, incluidas las herramientas y recursos existentes, los datos y las métricas disponibles para apoyar a las empresas a identificar y evitar la deforestación y la degradación forestal.

Definiciones clave

Deforestación: La FAO define la deforestación como la conversión de bosque a otro tipo de uso de la tierra, independientemente de si es inducido por humanos o no (FAO, 2020[3]).

Degradación forestal: No existe una definición estándar de degradación forestal por parte de la FAO o de otro organismo; la FAO insta a los países a que la definan ellos mismos. La definición propuesta por un grupo de ONG internacionales que figura en el Marco de rendición de cuentas (*Accountability Framework*), se aplica a los bosques y a otros ecosistemas naturales: "Cambios dentro de un ecosistema natural que afectan significativa y negativamente a su composición de especies, estructura y/o función y reducen la capacidad del ecosistema para suministrar productos, mantener la biodiversidad y/o prestar servicios ecosistémicos" (Accountability Framework Initiative, 2020[4]).

Para un listado completo de definiciones, consulte el Glosario.

¿A quién está dirigido el Manual?

El Manual está dirigido a las empresas de las cadenas de suministro agroalimentarias que abastecen o utilizan materias primas y productos que pueden estar asociados a la deforestación o la degradación forestal. Aunque el Manual se centra principalmente en los impactos del uso de la tierra, la plantación y la cosecha en los bosques, puede ser utilizado por las empresas a lo largo de toda la cadena de suministro, desde la producción hasta la venta al por menor.

Cada vez más, las empresas introducen en sus políticas y procedimientos enfoques de debida diligencia basados en el riesgo para ayudar a orientar sus esfuerzos de abastecimiento responsable y promover una conducta empresarial responsable. Muchas pequeñas y medianas empresas (pymes) tienen dificultades para cumplir con los requisitos comerciales y de mercado relacionados con la conducta empresarial responsable, incluyendo la deforestación. Para ayudar a las empresas más pequeñas a hacer frente a la deforestación, cada capítulo de este Manual incluye un recuadro con sugerencias sobre cómo las pymes pueden introducir la debida diligencia basada en el riesgo de acuerdo con la Guía OCDE-FAO.

El Manual también puede ser un recurso para las instituciones financieras a la hora de evaluar las políticas y actividades de posibles socios comerciales en relación con las expectativas de debida diligencia y la deforestación potencial. El Anexo A Recursos del Manual enumera recursos relacionados con la deforestación.

Bosques, ecosistemas naturales y conversión

El marco de debida diligencia descrito en este Manual se aplica tanto a la deforestación como a la degradación forestal. Para facilitar la lectura, el término "deforestación" se utiliza aquí para referirse a ambas.

Los bosques no son el único ecosistema natural que puede verse afectado negativamente por la conversión a la producción agrícola. La sabana, los pastizales, las turberas y los humedales, entre otros, también pueden correr peligro al considerar el uso de la tierra. Muchas políticas de debida diligencia adoptadas por las empresas abarcan ahora la conversión de estos ecosistemas y de los bosques, e incorporan referencias, por ejemplo, a la protección de zonas de alto valor de conservación y con altas reservas de carbono. Aunque este Manual se centra únicamente en los bosques, las medidas de debida diligencia que describe también son aplicables a la conversión de otros ecosistemas naturales.

En el Glosario figura un listado completo de las definiciones utilizadas en este Manual.

Bosques y deforestación

Este capítulo introduce la deforestación y la degradación forestal en el contexto de las cadenas de suministro mundiales. Presenta la magnitud del problema y sus orígenes en la producción y abastecimiento de materias primas, así como los retos de desarrollo que pueden contribuir a la deforestación en diferentes contextos.

Los bosques sanos son vitales para los tres pilares del desarrollo sostenible: económico, social y medioambiental. El continuo crecimiento empresarial y el empleo en el sector agrícola, así como la seguridad alimentaria mundial, dependen de los bosques. Los ecosistemas forestales son el mayor sumidero terrestre de carbono, fundamental para cumplir con los objetivos climáticos; también regulan las precipitaciones y los ciclos del agua, ayudando a mantener entornos locales estables, esenciales para apoyar los medios de vida y la producción agrícola sostenible. Aproximadamente 1 600 millones de personas dependen de los bosques para su subsistencia, incluidos alrededor de 70 millones de pueblos indígenas. Los bosques contienen más de 60 000 especies diferentes de árboles y proporcionan hábitats a una gran mayoría de especies animales (FAO, 2020[3]; FAO y PNUMA, 2020[5]).

En 2020, el 31% de la superficie terrestre mundial (4 000 millones de hectáreas) estaba cubierta por bosques. Desde 1990 se calcula que se han perdido 420 millones de hectáreas de bosques a causa de la deforestación (FAO, 2020[3]). De 2015 a 2020, la tasa de deforestación se estimó en 10 millones de hectáreas al año, aunque la forestación y reforestación han apoyado la recuperación de los bosques en algunas partes del mundo (FAO, 2020[3]). La pérdida de bosques, especialmente de bosques naturales, fue especialmente elevada en los trópicos durante este periodo (véase la Figura 1).

La degradación forestal es el resultado de operaciones insostenibles de tala, extracción de combustible maderero, agricultura itinerante, pastoreo o incendios y afecta por igual a ecosistemas forestales de biomas tropicales, templados y boreales. En todos estos casos, el bosque conserva la capacidad de volver a crecer, pero estas actividades suelen reducir la cobertura forestal más rápido de lo que se recupera de forma natural y afectan a la diversidad de especies que albergan los bosques (FAO y PNUMA, 2020[5]). Aunque la degradación forestal es difícil de medir, los estudios sugieren que representa aproximadamente un tercio del impacto total de la pérdida de cobertura arbolada, medida en términos de emisiones de carbono (Federici, 2015[6]).

Figura 1. Deforestación, 2000-2018

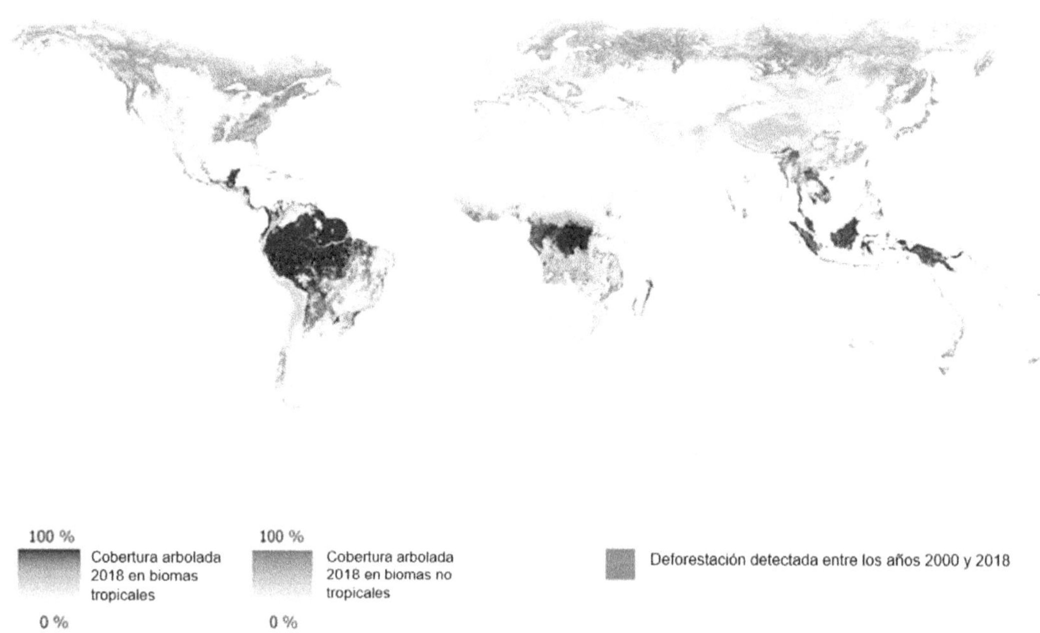

Fuente: (FAO, 2022[7]).

Impactos de la producción agrícola en los bosques

La producción agrícola puede tanto impulsar la deforestación como verse afectada negativamente por ella. La Encuesta de teledetección de 2020 de la Evaluación de los recursos forestales mundiales de la FAO estima que, entre los años 2000 y 2018, cerca del 90% de la deforestación mundial fue consecuencia de la expansión agrícola, el 52% se debió a la expansión de las tierras de cultivo y el 38% al pastoreo (FAO, 2021[8]). La Figura 2 ilustra las principales causas de la deforestación por regiones. Asimismo, la deforestación, junto con el cambio climático, también pueden afectar en gran medida a la producción agrícola, lo que a su vez puede tener importantes impactos en la disponibilidad y la demanda de alimentos.[1]

Figura 2. Principales impulsores de la deforestación en las distintas regiones del mundo

Impulsores de la deforestación por regiones, 2000-2018 (en millones de hectáreas)

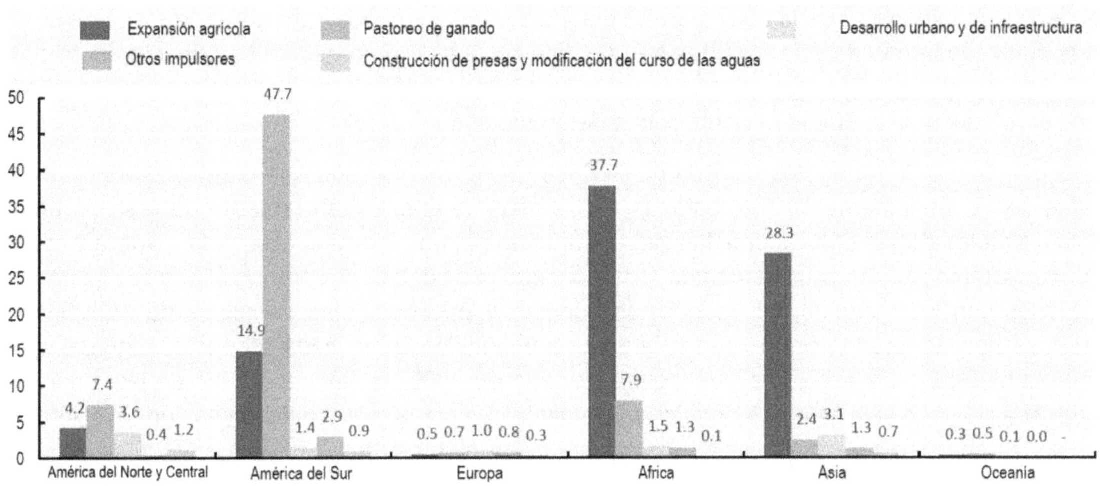

Fuente: (FAO, 2022[7]).

La relación entre deforestación y producción agrícola se basa en múltiples factores (Geist, 2002[9]). Aunque el crecimiento y el desarrollo han sacado a millones de personas de la pobreza, también han aumentado la demanda de alimentos y han provocado cambios en los estilos de vida y las dietas, ya que la gente consume menos alimentos básicos y más carne, productos lácteos, frutas y verduras, y alimentos procesados. Se espera que estas tendencias continúen (OCDE/FAO, 2021[10]) ya que se prevé que la población mundial alcance los 9 700 millones de personas en 2050 (ONU, 2019[11]). Tomando en cuenta los cambios dietéticos y otros factores, esto implica un crecimiento de la demanda de alimentos del 35-56% (Van Dijk, 2021[12]), aumentando potencialmente la demanda de la tierra y la presión sobre los bosques.

La liberalización del mercado y de los negocios ha fomentado el crecimiento de las cadenas de suministro mundiales; se estima que un tercio de las exportaciones agroalimentarias se comercializan hoy en día dentro de cadenas globales de valor (FAO, 2022[13]). Si bien la deforestación tiene lugar en puntos específicos en los niveles superiores de la cadena de suministro, las empresas y proveedores en los niveles inferiores desempeñan un papel crucial a la hora de garantizar que el riesgo de deforestación sea abordado en las cadenas de suministro de materias primas de las que obtienen sus recursos.

Cabe resaltar que una proporción significativa de la tala de bosques para la agricultura ha sido ilegal. Un estudio exhaustivo publicado en 2021 estimó que el 69% de la conversión de bosques tropicales para la agricultura que tuvo lugar entre 2013 y 2019, se llevó a cabo infringiendo leyes y regulaciones nacionales (Forest Trends, 2021[14]). La tala ilegal (de madera) sigue siendo un grave problema en muchos países, con un valor estimado entre 50-150 mil millones de dólares al año en el comercio internacional (Banco Mundial, 2019[15]).

Productos agrícolas básicos y deforestación

Según estudios acerca de los factores desencadenantes mencionados anteriormente, la deforestación vinculada a la agricultura se ha asociado a menudo con un grupo selecto de productos básicos (Pendrill, 2019[16]). No obstante, el negocio, la demanda y el mercado pueden oscilar con el tiempo. Ni la oferta ni la demanda son fijas, y el crecimiento de la demanda de nuevos productos agrícolas puede llevar a la deforestación en otros contextos, incluso en climas templados.

A nivel internacional, se suele prestar atención a los impactos sobre los bosques de determinados productos básicos, cuya producción y exportación han aumentado en las últimas décadas, y que a menudo dependen de la expansión de la tierra para uso agrícola, reduciendo la cobertura forestal. Los productos básicos cultivados en una zona después de que ésta haya sido deforestada se consideran "impulsores directos" de la deforestación. Es la forma en que se producen estos productos básicos y no los productos básicos en sí mismos, lo que los vincula con la deforestación.

Un pequeño grupo de productos básicos ha recibido mayor atención porque para su producción suelen utilizarse tierras recientemente deforestadas. Entre ellos se encuentran la carne de res, los productos lácteos, las pieles de ganado vacuno, la soja, el aceite de palma, el cacao, el café, la madera y el caucho. Como consecuencia, en sus esfuerzos por conseguir modelos de producción más sostenibles y respetuosos con los bosques, las respuestas públicas y privadas y las iniciativas de múltiples partes interesadas han adoptado con frecuencia enfoques específicos para cada producto. Algunos ejemplos incluyen la Moratoria de la soja del Amazonas, firmada en 2006, en la cual el 90% de las empresas del mercado brasileño de soja se comprometieron a evitar la compra de soja cultivada en zonas recientemente deforestadas en el Amazonas brasileño. Asimismo, los gobiernos de Costa de Marfil y Ghana, junto con 35 empresas líderes de cacao y chocolate, se unieron en la Iniciativa de cacao y bosques para eliminar la deforestación relacionada con el cacao y restaurar las zonas forestales.

Iniciativas mundiales contra la deforestación

Actualmente se están realizando muchos esfuerzos para desvincular la producción de materias primas de la deforestación. Aunque el cumplimiento de los objetivos internacionales asociados a la deforestación, en particular los adoptados antes de 2020 (véase la Tabla 1) han demostrado ser un reto, han estimulado la acción de una amplia gama de empresas que producen, comercializan y utilizan materias primas asociadas a la deforestación. Los compromisos para eliminar o reducir la deforestación en las cadenas de suministro corporativas se han vuelto comunes en las empresas que comercializan y utilizan madera, aceite de palma y cacao, y son menos comunes para otros productos básicos. En 2021, un análisis realizado por la entidad CDP en 675 empresas que divulgaron el riesgo forestal en sus cadenas de suministro, mostró que un 66% de estas empresas disponía de una política relacionada con la deforestación, mientras que un 38% tenía una política general o específica de producto de no deforestación/ conversión (CDP/AFI, 2022[17]).

La Tabla 1 ofrece ejemplos del amplio abanico de iniciativas internacionales sobre deforestación asociadas a las cadenas de suministro agrícolas y madereras desde 2010;[2] incluidas iniciativas como derecho blando, los ODS, las iniciativas del sector privado y las iniciativas de múltiples partes interesadas.

Tabla 1. Ejemplos de iniciativas internacionales sobre deforestación

Fecha	Organización/Iniciativa	Compromisos
Desde 2008 hasta 2015	Convención Marco de Naciones Unidas sobre el Cambio Climático – Mecanismo REDD, y luego REDD+	Orientar las actividades del sector forestal que reducen las emisiones causadas por la deforestación y la degradación forestal, así como la gestión sostenible de los bosques y la conservación y el aumento de las reservas forestales de carbono en los países en desarrollo.
2010	Consumer Goods Forum (red industrial global de minoristas, fabricantes y proveedores de servicios)	Deforestación neta cero para 2020 en las cadenas de suministro de sus miembros en materias primas clave: soja, aceite de palma, madera/ papel y pasta de papel, carne de res.
2012	Tropical Forest Alliance (asociación mundial de gobiernos, empresas, sociedad civil, pueblos indígenas, comunidades locales y agencias de la ONU)	Reducción de la deforestación tropical asociada al abastecimiento de materias primas como el aceite de palma, la soja, los productos ganaderos, el papel y la pasta de papel. Promueve y apoya iniciativas regionales de múltiples partes interesadas.
2014	Declaración de Nueva York sobre los Bosques (entre los signatarios figuran ya más de 200 gobiernos nacionales y locales, empresas y organizaciones de la sociedad civil, de comunidades y de pueblos indígenas)	Para el año 2020, reducir al menos a la mitad el ritmo de pérdida de bosques naturales en todo el mundo, y tratar de poner fin a la pérdida de bosques naturales para el año 2030; apoyar el objetivo del sector privado de eliminar la deforestación derivada de la producción de productos básicos hasta 2020; reducir significativamente la deforestación derivada de otros sectores económicos para el año 2020.
2015	Objetivos de Desarrollo Sostenible de la ONU	ODS 15.2: "Para 2020, promover la gestión sostenible de todos los tipos de bosques, poner fin a la deforestación, recuperar los bosques degradados e incrementar la forestación y la reforestación a nivel mundial". (También ODS 12.6 "Alentar a las empresas, en especial las grandes empresas y las empresas transnacionales, a que adopten prácticas sostenibles e incorporen información sobre la sostenibilidad en su ciclo de presentación de informes")
2020	Coalición de Acción Forestal Positiva del Consumer Goods Forum	Coalición de grandes empresas que buscan apoyar a las empresas libres de deforestación y conversión mediante iniciativas integradas de múltiples partes interesadas sobre el uso de la tierra en paisajes productivos clave. Hojas de ruta específicas para la soja, el aceite de palma, el ganado, el papel y la pasta de papel.
2021	Declaración de los líderes de Glasgow sobre los bosques y el uso de la tierra (firmada por 141 países en la 26ª Conferencia de las Partes de la Convención Marco de Naciones Unidas sobre el Cambio Climático [COP26])	"Trabajar colectivamente para frenar y revertir la pérdida de bosques y la degradación de la tierra para el año 2030, al mismo tiempo que se logra un desarrollo sostenible y se promueve una transformación rural inclusiva". Los compromisos específicos incluyen "facilitar políticas de comercio y desarrollo, a nivel internacional y nacional, que promuevan el desarrollo sostenible y la producción y el consumo sostenibles de productos básicos, que beneficien mutuamente a los países y que no provoquen la deforestación y la degradación de la tierra".
2021	Hoja de ruta para la acción en el Diálogo sobre Bosque, Agricultura y Comercio de productos de base - Forest, Agriculture and Commodity Trade (FACT) (declaración de 27 gobiernos y la UE (que representan a los mayores productores y consumidores de productos básicos comercializados internacionalmente) en la COP26)	Tiene como objetivo promover el desarrollo sostenible y el comercio de productos básicos, al mismo tiempo que se protegen y gestionan de forma sostenible los bosques y otros ecosistemas críticos. Incluye acciones indicativas sobre comercio y desarrollo de mercados; apoyo a los pequeños agricultores; trazabilidad y transparencia; e investigación, desarrollo e innovación.

En varios países consumidores han surgido iniciativas destinadas a garantizar que todo el mercado nacional se abastezca de materias primas sostenibles certificadas —sobre todo en el caso del aceite de palma y el cacao— antes de una fecha límite; a veces, estas iniciativas voluntarias incluyen también a los gobiernos. En varios países productores se han desarrollado alianzas similares, como los acuerdos cero deforestación para el aceite de palma en Colombia. Algunos países productores también han desarrollado sus propios estándares nacionales y esquemas de certificación para materias primas específicas; algunos ejemplos incluyen las normas indonesias y malayas para el aceite de palma sostenible (*Indonesian and Malaysian Sustainable Palm Oil standards*) y la norma africana para el cacao sostenible (*African Standard for Sustainable Cocoa*).

En los últimos años también se ha visto la aparición y adopción de mesas redondas de múltiples partes interesadas centradas en productos básicos y plataformas de compromiso para la acción colectiva -como la iniciativa de productos básicos sostenibles de África (*Africa Sustainable Commodities Initiative*), así como normas voluntarias de sostenibilidad y esquemas de certificación asociados (véase el Anexo A. Recursos). Varias instituciones financieras se han comprometido a no financiar actividades relacionadas con la deforestación.[3]

Legislación en materia de deforestación y debida diligencia basada en el riesgo

En respuesta a la creciente preocupación por el cambio climático y la deforestación, algunos gobiernos están introduciendo obligaciones para que las empresas lleven a cabo la debida diligencia para abordar una serie de riesgos en sus operaciones y cadenas de suministro, entre ellos la deforestación. Estas obligaciones complementan las iniciativas mencionadas anteriormente e incluyen:

- Obligaciones corporativas generales de debida diligencia, aplicadas a todas las operaciones y cadenas de suministro de una empresa, no específicas de ningún sector o producto y no vinculadas a la comercialización de productos en el mercado.
- Requisito de llevar a cabo la debida diligencia en relación con criterios específicos (por ejemplo, producción legal o cero deforestación) antes de que determinados productos puedan ser comercializados, importados o exportados.

La implementación de la debida diligencia basada en el riesgo, tal y como se describe en este Manual, según la Guía OCDE-FAO, puede ayudar a las empresas a cumplir con dichas obligaciones.[4]

La debida diligencia en las cadenas de suministro agrícolas

Este capítulo introduce el concepto general de debida diligencia basada en el riesgo, tal y como se establece en la Guía OCDE-FAO para las cadenas de suministro Responsables en el sector agrícola.

La "debida diligencia"se entiende como el proceso mediante el cual las empresas identifican, previenen, mitigan e informan sobre cómo abordan los impactos negativos reales y potenciales de sus propias operaciones, su cadena de suministro y otras relaciones comerciales. Este es el enfoque de debida diligencia recomendado por la *Guía OCDE-FAO para las cadenas de suministro responsable en el sector agrícola* (Guía OCDE-FAO) y la *Guía de la OCDE de debida diligencia para una conducta empresarial responsable* (OCDE, 2018, p. 15[18]). En este contexto, la debida diligencia es una parte integral de la toma de decisiones y la gestión de riesgos de la empresa. El marco de debida diligencia de la Guía OCDE-FAO puede ser utilizado por todas las empresas que operan a lo largo de las cadenas de suministro agrícolas, desde la producción hasta la distribución.

El marco de debida diligencia de la Guía OCDE-FAO

El marco de debida diligencia basado en el riesgo de la Guía OCDE-FAO describe los pasos que una empresa puede dar para identificar, prevenir y abordar los riesgos en sus operaciones, cadenas de suministro y relaciones comerciales. La Figura 3 ilustra el proceso de cinco pasos, además de incluir la *reparación de los impactos negativos*, que constituye un sexto paso dentro de la Guía de debida diligencia para una conducta empresarial responsable. La protección de los bosques y la prevención de la deforestación se mencionan en varias ocasiones en la Guía OCDE-FAO, pero no se abordan detalladamente. Como tal, este Manual complementa la Guía OCDE-FAO utilizando la debida diligencia basada en el riesgo para identificar y abordar los riesgos de deforestación en las cadenas de suministro agrícola mundiales.

Figura 3. El marco de debida diligencia de la Guía OCDE-FAO

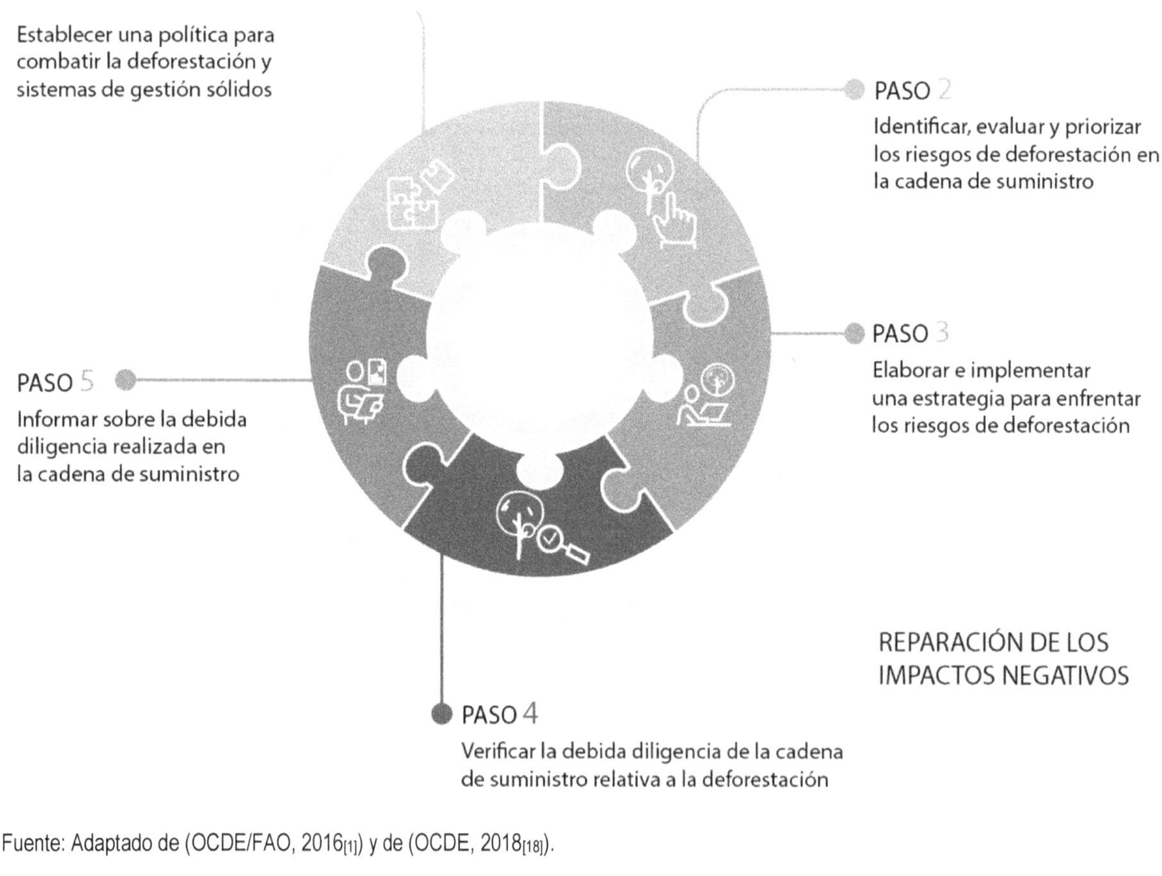

Fuente: Adaptado de (OCDE/FAO, 2016[1]) y de (OCDE, 2018[18]).

Qué se entiende por "riesgo" en la debida diligencia

Para muchas empresas, el término "riesgo" significa principalmente riesgos para la empresa: riesgo financiero, riesgo de mercado, riesgo operativo, riesgo reputacional, etc. En el ámbito de la conducta empresarial responsable, el riesgo se refiere a la gravedad y probabilidad de impactos negativos sobre las personas, el medio ambiente y la sociedad causados por las empresas, a los que pueden contribuir o con los que están directamente vinculadas a través de sus operaciones comerciales y prácticas de abastecimiento. En otras palabras, se trata de un enfoque del riesgo orientado hacia el exterior. Es importante destacar que existen diversos factores subyacentes a la deforestación. Factores como la pobreza, las vulneraciones de los derechos humanos, los derechos, recursos y capacidades de las comunidades locales y las poblaciones indígenas, el carácter incierto de los derechos de tenencia de la tierra y los bosques, la corrupción y las deficiencias en la gobernanza y la aplicación de la ley, pueden actuar como causas fundamentales de los riesgos de deforestación.

Definir la vinculación de una empresa con los impactos negativos

Una empresa puede causar impactos negativos, contribuir a ellos o estar directamente vinculada a ellos a través de sus operaciones, productos y servicios por una relación comercial (véase la Figura 4). La comprensión de la relación de la empresa con la deforestación, o con el riesgo de deforestación, es importante, ya que orienta a la empresa sobre lo que se espera que haga en respuesta al impacto. Dependiendo de su relación con el impacto, tomar medidas para responder a la deforestación o a los riesgos de deforestación podría significar tomar medidas para remediar directamente el impacto, cesar las actividades que causan el impacto o prevenir el impacto potencial, así como también influir en la entidad que causa el impacto.

Figura 4. Abordar los impactos negativos basados en ejemplos de vínculos con el impacto

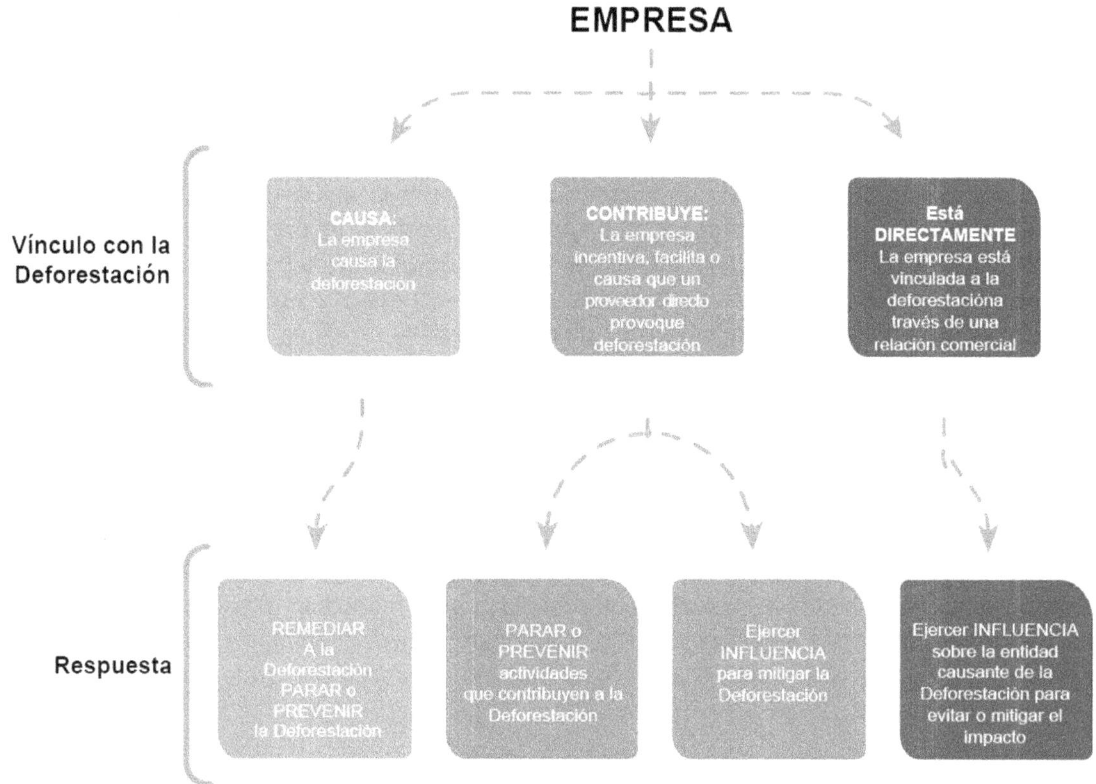

Fuente: Adaptado de (OCDE, 2018[18]) y de (OCDE/FAO, 2021[10]), Apartado 1.2.

Una empresa *causa* un impacto negativo si las acciones de la empresa por sí mismas provocan el impacto. Por ejemplo, si una empresa agrícola produce cultivos en tierras que ha desforestado, se considera que ha causado ese impacto. Los impactos también pueden ser el resultado de la inacción (omisión).

Una empresa *contribuye* a causar un impacto negativo si sus actividades, en combinación con las actividades de otras partes, causan el impacto o si las actividades de la empresa causan, facilitan o incentivan a otra parte para que cause un impacto negativo. La contribución debe ser sustancial, lo que significa que no incluye contribuciones menores o triviales. Por ejemplo, una empresa agrícola puede estar contribuyendo si adquiere una concesión de tierras para el desarrollo de una plantación, sabiendo que será necesario desforestar la tierra para otorgar la concesión.

Una empresa está *directamente vinculada* a un impacto negativo cuando éste está directamente vinculado a sus operaciones, productos o servicios por una relación comercial. Las relaciones comerciales de una empresa incluyen partes en la cadena de suministro que están directamente vinculadas con sus operaciones, productos y servicios. Las relaciones comerciales incluyen relaciones que van más allá de las contractuales, directas o de primer nivel. Puede tratarse, por ejemplo, de un productor, procesador o comerciante de la cadena de suministro del que la empresa recibe sus productos o materias primas.

Paso 1: Establecer una política sobre deforestación y sistemas robustos de gestión

El paso 1 de la Guía OCDE-FAO consiste en establecer una política sobre deforestación y sistemas robustos de gestión, que a su vez apoyen todos los pasos posteriores del marco de debida diligencia de la OCDE-FAO. Este capítulo describe cómo el Paso 1 puede ayudar a respaldar los compromisos de las empresas en materia de deforestación.

Preguntas estratégicas para las empresas

- ¿Qué nivel de ambición tenemos como empresa en materia de deforestación? ¿Cuál es nuestra definición de bosque? ¿Hemos considerado una fecha límite de deforestación en nuestras prácticas de abastecimiento (véanse las definiciones en el Glosario)?
- ¿Nuestra política cumple o supera la legislación en materia de protección forestal de nuestro país de origen, el país de producción y los principales mercados de exportación?
- ¿Nuestra política cumple con las expectativas de los inversionistas, los asesores jurídicos, las comunidades locales y la sociedad civil?
- ¿Comprenden los altos ejecutivos de la empresa (incluida la Junta Directiva): (1) los compromisos en materia de deforestación que tiene la empresa; (2) las consecuencias de elegir una política determinada; (3) los sistemas necesarios para aplicar dicha política (por ejemplo, revisión de los contratos y relaciones existentes, implicaciones presupuestarias y de personal); y (4) los costos de no abordar la deforestación para la empresa (impactos directos o indirectos en la producción y los ingresos), y a nivel global (en términos de cambio climático y pérdida de biodiversidad, y la inseguridad asociada al suministro de productos agrícolas básicos a medio y largo plazo)?
- ¿Se ha designado en la empresa un punto focal principal encargado de coordinar y gestionar la aplicación de un enfoque de debida diligencia en el abastecimiento responsable (incluidos los compromisos en materia de deforestación), junto con otros departamentos de la empresa (por ejemplo, jurídico, asuntos públicos/corporativos, aprovisionamiento, marketing)? ¿Existe una comunicación adecuada entre ellos?
- ¿Con qué proveedores y otras partes interesadas deberíamos colaborar para desarrollar nuestros compromisos contra la deforestación? ¿Tenemos productores vulnerables, como pequeños propietarios, en nuestras cadenas de suministro que requieran apoyo específico para cumplir con la política de la empresa y los requisitos regulatorios?
- ¿Los indicadores clave de desempeño de la empresa están vinculados al logro de los objetivos de debida diligencia relacionados con la deforestación y forman parte de nuestros sistemas de gestión?
- ¿Qué sistemas o procesos externos de debida diligencia utilizamos para apoyar nuestra gestión interna de la debida diligencia (por ejemplo, la Guía OCDE-FAO, códigos industriales, sistemas/esquemas de certificación de materias primas, protocolos de auditoría, etc.)?

Establecer o actualizar políticas de sostenibilidad en materia de deforestación e incorporarlas en los procesos de la empresa

Los siguientes elementos clave han sido identificados como importantes a la hora de desarrollar una política sobre deforestación:

- La política se aplica en toda la empresa (incluidas sus filiales) y sus cadenas de suministro, y garantiza que todos los departamentos relevantes trabajen juntos para lograr un compromiso común hacia la eliminación de la deforestación mediante prácticas responsables de producción y abastecimiento.
- Establece objetivos mesurables para reducir la deforestación y el riesgo de deforestación aceptable en las operaciones de la empresa, sus cadenas de suministro y sus relaciones comerciales. Por ejemplo, el objetivo puede ser lograr la cero deforestación, la deforestación ilegal

cero, o la reducción de los niveles de deforestación a alcanzar antes de una fecha límite. La definición del objetivo incluye metas y fechas límite claras y definiciones de términos como "bosque", "deforestación" y "degradación forestal" (véanse las definiciones en el Glosario).

- Con frecuencia, los objetivos y las definiciones pueden derivarse de compromisos colectivos asumidos por la empresa, acuerdos y compromisos internacionales y nacionales, legislación nacional, directrices de asociaciones industriales, expectativas de los inversionistas o normas voluntarias de sostenibilidad en sistemas de certificación (Véase el Anexo A. Recursos para más recursos).
- La política está basada en el riesgo, lo que significa que aborda en primer lugar los riesgos e impactos más significativos, considerando la probabilidad del impacto, así como la escala, el alcance y los aspectos de irreparabilidad del impacto.
- La política se revisa y adapta periódicamente, a la luz de las nuevas zonas de aprovisionamiento, los cambios en los patrones de deforestación y el creciente conocimiento de los riesgos de deforestación en la cadena de suministro, así como de los estándares internacionales y la legislación nacional.

Integrar la política de deforestación en los órganos de supervisión y los sistemas de gestión, así como en las diferentes funciones de la empresa

Las prácticas deberían ser coherentes en todas las operaciones de la empresa, incluidos todos los departamentos o unidades que puedan tomar decisiones que afecten a materias primas y productos potencialmente asociados con la deforestación, incluidas en particular las funciones de compras y adquisiciones. Los procedimientos relacionados con la deforestación deberían ser coherentes con cualquier otra política de debida diligencia que pueda tener la empresa e integrarse en ella.

Incorporar las expectativas y políticas en la contratación de proveedores y otras relaciones comerciales

Considerando que la debida diligencia se aplica a todas las cadenas de suministro y relaciones comerciales de una empresa, así como a sus propias operaciones, es crucial mantener una comunicación periódica con los proveedores y otros socios comerciales. En el caso de productos y cadenas de suministro con un alto riesgo de deforestación asociado, la empresa debería:

- Comunicar los aspectos clave de su política de deforestación a los proveedores y otras relaciones comerciales pertinentes. Las relaciones a largo plazo con los socios comerciales pueden servir para fomentar la adopción de dicha política y mejorar la transparencia.
- Incluir condiciones y expectativas de debida diligencia en materia de deforestación en los contratos con las relaciones comerciales y los proveedores, en los códigos de conducta de los proveedores o en otras formas de acuerdos escritos, adaptados a las capacidades de los proveedores.
- Desarrollar e implementar procesos de precalificación sobre debida diligencia en materia de deforestación dirigidos a proveedores y otras relaciones comerciales, cuando sea posible, adaptando dichos procesos a los riesgos y circunstancias específicas a las que se enfrentan.
- Facilitar recursos adecuados, capacitación y formación a los proveedores y otras relaciones comerciales para ayudarles a comprender y aplicar la política y a poner en práctica la debida diligencia en materia de deforestación. Esto podría incluir, por ejemplo, un marco estandarizado de informes para los proveedores. Algunos proveedores necesitarán más apoyo que otros, como es el caso de los pequeños agricultores.

- Buscar comprender y abordar las barreras derivadas de la forma de hacer negocios de la empresa que puedan impedir la aplicación de la política de debida diligencia en materia de deforestación por parte de los proveedores y otras relaciones comerciales, como las prácticas de compra y los incentivos comerciales de la empresa.

Las empresas pueden enfrentar limitaciones prácticas y legales acerca de cómo pueden influenciar o afectar a sus relaciones comerciales con el objetivo de prevenir, detener o mitigar los impactos negativos sobre los bosques, o de corregirlos. Las empresas pueden intentar superar estos desafíos para influir en sus relaciones comerciales a través de acuerdos contractuales, requisitos de precalificación, fideicomisos de votación, licencias o contratos de franquicia y, también, a través de esfuerzos de colaboración para agrupar influencia en asociaciones sectoriales o iniciativas intersectoriales.

Los planes de aplicación elaborados en coordinación con los socios comerciales y con la participación, cuando corresponda, de los gobiernos locales y centrales, las organizaciones internacionales, las comunidades locales y la sociedad civil, también pueden mejorar el cumplimiento, en particular ofreciendo capacitación y formación. A menudo, las asociaciones industriales y las iniciativas de múltiples partes interesadas pueden prestar apoyo en muchos de los pasos descritos anteriormente.

Establecer sistemas de control a lo largo de la cadena de suministro

Establecer sistemas que permitan a la empresa hacer un seguimiento de la aplicación y los efectos de su política de deforestación es fundamental para la credibilidad y eficacia de la política y para mantener buenas relaciones con las partes interesadas, incluidos los inversionistas y los gobiernos. Esto implica:

- Crear procedimientos de verificación para llevar a cabo revisiones periódicas independientes y transparentes del cumplimiento de la política; esto puede incluir el compromiso y el monitoreo continuo de los proveedores, así como auditorías internas y de terceros independientes (estas últimas se prefieren cuando el riesgo de asociación con la deforestación es mayor), y abarca tanto a la empresa como a sus proveedores.
- Establecer sistemas de monitoreo y control para las cadenas de custodia de las materias primas y los productos que las empresas identifiquen como potencialmente asociados con la deforestación. Esto se describe con más detalle en el Paso 4 de la Guía OCDE-FAO (Verificar la debida diligencia).

Por lo general, estos pasos tendrán lugar al mismo tiempo, o poco después de que la empresa haya comenzado a realizar el mapeo de la cadena de suministro según el Paso 2 de la Guía OCDE-FAO (Identificar riesgos).

Establecer un mecanismo de reclamación a nivel operativo, en consulta y colaboración con las partes interesadas pertinentes

Los mecanismos de reclamación, que deberían incluir tanto sistemas de alerta temprana de riesgos como sistemas de quejas, pueden ayudar a las empresas a alertar acerca de las desviaciones de su política de deforestación en sus actividades o en las de sus proveedores u otras relaciones comerciales, a identificar y mitigar los riesgos, incluso mediante una mejor comunicación con las partes interesadas, y proporcionan un mecanismo para prevenir y remediar los conflictos. Los mecanismos de reclamación también pueden incorporar un canal de retroalimentación y sugerencias. Pueden establecerse a nivel de un proyecto, una empresa o una industria. Las empresas pueden tanto establecer sus propios mecanismos de reclamación como participar en otros. Es importante que los mecanismos de reclamación sean accesibles, especialmente, cuando sea pertinente, para las partes interesadas locales, incluidas las mujeres y otros grupos vulnerables y marginados. Las reclamaciones deberían tramitarse en un plazo razonable y respetarse el anonimato cuando se solicite.

Sugerencias para pequeñas y medianas empresas

- Decida qué nivel de compromiso político está preparado a adoptar, considerando la legislación nacional y los compromisos internacionales, así como los compromisos de la empresa con los clientes.
- Elija las definiciones de "bosque" y "deforestación" que desee utilizar y la(s) fecha(s) límite. (Las iniciativas sectoriales o las políticas y compromisos de otras pymes pueden proporcionar modelos útiles).
- Decida cómo se llevará a la práctica el cumplimiento de la política en función de sus recursos financieros y humanos.
- Dé a conocer sus compromisos; puede ser mediante un compromiso escrito o una declaración independiente o como parte de su visión empresarial, declaración de valores o política de abastecimiento responsable.
- Participe en plataformas de múltiples partes interesadas sobre materias primas sostenibles destinadas a minimizar la deforestación mediante la acción colectiva.
- Mencione sus limitaciones y su enfoque de priorización de riesgos, incluidas las medidas que tomará si descubre que algún socio comercial se abastece en zonas deforestadas.
- Haga referencia a los compromisos nacionales o regionales sobre deforestación y degradación forestal en la política de la empresa.

Paso 2: Identificar, evaluar y priorizar los riesgos de deforestación en la cadena de suministro

El Paso 2 de la Guía OCDE-FAO consiste en analizar la cadena de suministro y determinar los riesgos de deforestación dentro de ella, para que las empresas puedan determinar sus prioridades de acción. Según la Guía OCDE-FAO, se espera que las empresas identifiquen las áreas generales en las que el riesgo de impactos negativos es más significativo y que prioricen la debida diligencia en consecuencia. Los proveedores de alto riesgo o los que operan en zonas de alto riesgo requerirán un mayor escrutinio.

Figura 5. Identificar, evaluar y priorizar los riesgos de deforestación en la cadena de suministro

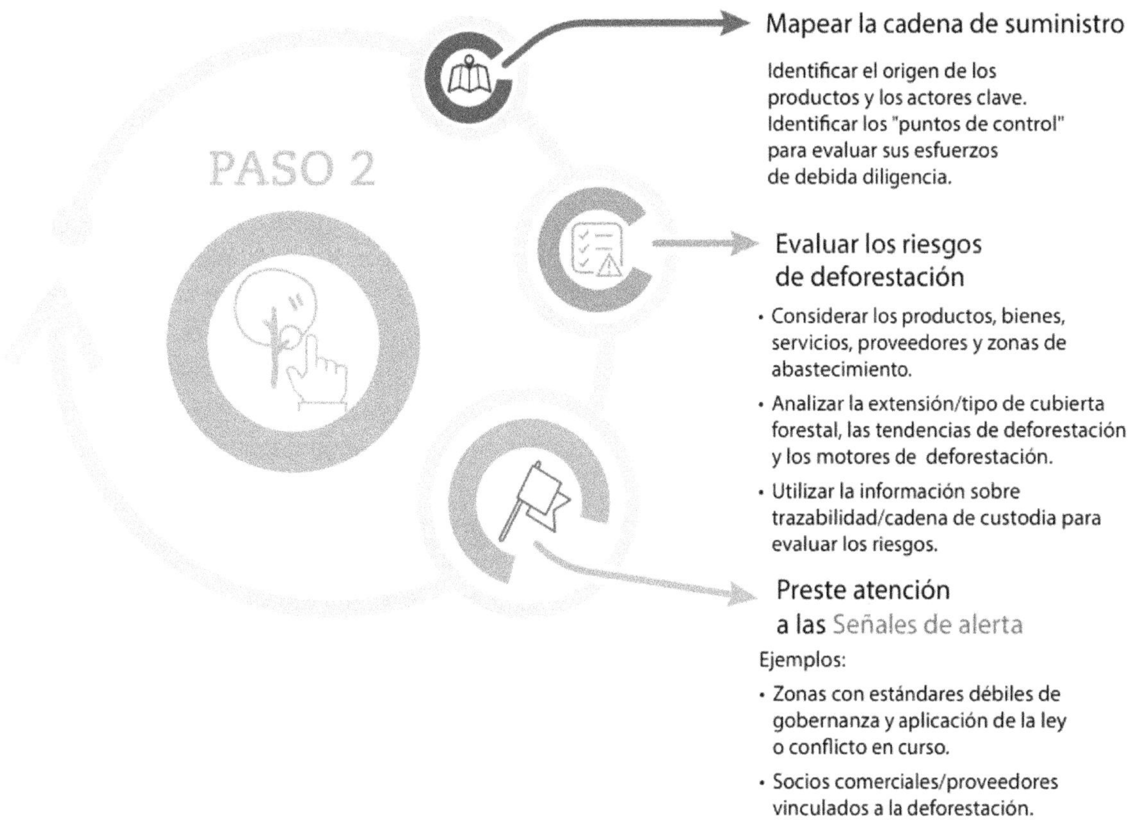

Preguntas estratégicas para las empresas

Mapeo de la cadena de suministro:

- ¿Qué departamentos de nuestra empresa se encargan de mapear y priorizar la cadena de suministro? ¿Tienen capacidad y presupuesto para cumplir los compromisos de la empresa en materia de deforestación?
- ¿De qué sistemas o procesos disponemos actualmente para mapear nuestras operaciones y cadenas de suministro con el fin de identificar los riesgos de deforestación (por ejemplo, investigación documental, mapas de calor, cuestionarios a proveedores, datos satelitales, visitas de campo)?
  - ¿Hasta qué niveles superiores de mi cadena de suministro hemos realizado el mapeo?
  - ¿Existe un plan para determinar los puntos de control clave o "cuellos de botella" dentro de las cadenas de suministro asociadas a un alto riesgo de deforestación? (Véase el Glosario)
  - ¿Utilizamos un enfoque basado en el riesgo para priorizar qué entidades de la cadena de suministro y qué partes de la cadena de suministro deberían mapearse en detalle?
  - ¿Nos aseguramos de que nuestros esfuerzos de identificación se extiendan hasta la producción agrícola?
  - ¿Hay partes de la cadena de suministro en las que la falta de transparencia (por ejemplo, las compras en el mercado al contado) dificulta el mapeo?
  - ¿Qué podemos hacer para aumentar la transparencia (por ejemplo, comprometernos con los proveedores, dejar de comprar en el mercado al contado, etc.)?
- ¿Qué nivel de trazabilidad o cadena de custodia podemos tener para nuestros productos?
- ¿De dónde procede nuestra información (por ejemplo, de sistemas internos de seguimiento, de información de proveedores, de datos externos, de colaboración con grupos industriales, de datos de satélites de deforestación de código abierto)?
  - ¿Contamos con mapas actualizados sobre la cobertura forestal y las fronteras de la deforestación en las zonas de donde proceden nuestros productos y materias primas?
  - ¿Qué departamentos o personas son responsables de mapear los riesgos de deforestación y de mantener una información de calidad? ¿Se recurre a información pública externa para ello o a un contrato con un proveedor específico?
  - ¿Hasta qué punto es confiable esta información y cómo podemos verificarla?
  - ¿Hasta qué punto son trazables nuestras materias primas y productos?
- ¿Qué hacen nuestros socios para identificar los riesgos de deforestación? ¿Cómo puede reforzarse, coordinarse y simplificarse dicha información en nuestro enfoque?

Evaluar y priorizar la cadena de suministro:

- ¿Qué consideramos y definimos como los riesgos de deforestación más destacados o prioritarios? ¿Cuáles son nuestros proveedores u otros socios comerciales de mayor riesgo?
- ¿Qué medidas tomamos para verificar los datos de nuestra cadena de suministro y asegurarnos de que están actualizados? ¿Triangulamos los datos, realizamos visitas a proveedores o instalaciones, llevamos a cabo auditorías, utilizamos datos/tecnología en tiempo real, colaboramos o intercambiamos información con grupos del sector, etc.?
- ¿En base a qué parámetros y estándares evaluamos los riesgos?

- ¿Cómo evaluamos y priorizamos los riesgos de deforestación? ¿Utilizamos un sistema de "puntos críticos" (véase más abajo)? ¿Prestamos apoyo a los agricultores y empresas locales y qué forma adopta ese apoyo (es decir, formación, recursos, equipos)?

Mapear la cadena de suministro identificando a los distintos agentes involucrados, incluidos los proveedores inmediatos y los socios comerciales, y los lugares de operación

El mapeo y la priorización deberían comenzar con una visión amplia de los productos, servicios y proveedores de la empresa. Esta etapa implica determinar las fuentes de todas las materias primas y productos cubiertos por la política de la empresa en materia de deforestación, con el fin de comprender a un alto nivel los riesgos asociados a su producción y abastecimiento. El alcance de la información recopilada sobre los proveedores y socios comerciales depende de la gravedad del riesgo de deforestación y de su grado de vinculación con el riesgo identificado.

El mapeo de la cadena de suministro incluye la identificación de:

- El origen de las materias primas o de los productos derivados de estas materias primas, incluido el país de producción, la zona de origen y, cuando proceda, la parcela de producción. Esto puede ayudar a identificar los países o zonas con mayor riesgo de deforestación y permitir a la empresa centrarse en las zonas o proveedores de alto riesgo en más detalle. El contexto jurídico y político de la zona de origen puede ser tan importante como las tendencias de la deforestación o la producción agrícola. Las empresas deberían llevar a cabo la debida diligencia en los lugares que presenten uno o varios de los siguientes "puntos críticos":
    - Áreas definidas o conocidas como áreas protegidas, áreas gestionadas colectivamente (bajo derechos de tenencia de comunidades locales o pueblos indígenas), áreas de alto valor de conservación o áreas con altas reservas de carbono (por ejemplo, bosques de turba)
    - Áreas con altos niveles de pobreza rural y que dependen de la agricultura como principal fuente de ingresos
    - Áreas con presencia de comunidades locales y pueblos indígenas
    - Áreas consideradas de conflicto de alto riesgo
    - Protección insuficiente de los derechos humanos y los derechos de los pueblos indígenas, o derechos de tenencia de la tierra mal definidos o disputados (véase el Recuadro 1)
    - Debilidad en la gobernanza y la aplicación del Estado de derecho, y corrupción
    - Niveles débiles de protección forestal por parte de los gobiernos nacionales o locales.

Recuadro 1. Asuntos relacionados con la tenencia de la tierra

Los asuntos relacionados con la tenencia de la tierra (incluido el conjunto de derechos implícitos, desde el acceso a la propiedad) son centrales en los debates para detener la deforestación. Una parte importante de los bosques tropicales que quedan en el mundo son propiedad consuetudinaria de pueblos indígenas y comunidades tradicionales y otros titulares de derechos consuetudinarios. Las empresas que deseen acceder a tierras para la producción de materias primas deberían respetar los derechos de quienes ya las poseen, ocupan o utilizan de alguna otra forma. Sólo pueden acceder a esas tierras mediante un proceso que reconozca previamente esos derechos. En ocasiones, esto puede incluir también a las autoridades públicas nacionales o locales.

También deberían reconocerse los derechos de quienes carecen de derechos formales de propiedad sobre las tierras; esto incluye los de los arrendatarios, aparceros, trabajadores agrícolas o quienes tienen derechos informales de acceso y uso de la tierra y los recursos naturales. Estos derechos informales pueden incluir los derechos de tenencia de las mujeres, que suelen estar subordinados a los del hombre cabeza de familia.

El proceso de reconocimiento de los derechos de tenencia de la tierra suele plantear desafíos. No siempre está claro quién tiene el título legal de la tierra, los derechos consuetudinarios a veces entran en conflicto con los derechos estatutarios y los derechos estatutarios a veces no se ajustan a las obligaciones internacionales en materia de derechos humanos. Muchos sistemas de certificación y otras herramientas (por ejemplo, el enfoque de altas reservas de carbono (*High Carbon Stock Approach*, HCSA), establecen estándares para respetar la tenencia de la tierra y procesos para determinarla, incluyendo, por ejemplo, un mapeo participativo realizado conjuntamente por la empresa y las comunidades, aunque la certificación por sí misma no siempre garantiza el cumplimiento de estos estándares.

El Consentimiento Libre, Previo e Informado (CLPI) puede ser un elemento importante en este proceso. Tal y como se establece en el Anexo B de la Guía OCDE-FAO, el CLPI implica acordar un proceso de consulta con los pueblos indígenas afectados; consultar y acordar qué constituye un consentimiento apropiado (teniendo en cuenta la representación de las mujeres y otros grupos marginados); y participar en el proceso de búsqueda de consentimiento antes de que comiencen las actividades (si se da el consentimiento). Se trata de un proceso iterativo y continuo más que de un debate puntual; el diálogo continuo generará confianza y un acuerdo equilibrado, o la falta de acuerdo, que beneficiará a la inversión en todas las fases del proyecto, o proporcionará una indicación clara de que no debería seguir adelante (FAO, 2014[19]; FAO, 2016[20]).

Para más detalle sobre la gobernanza responsable de la tenencia, consulte las *Directrices voluntarias sobre la Gobernanza responsable de la tenencia de la tierra, la pesca y los bosques en el contexto de la seguridad alimentaria nacional,* aprobadas oficialmente por el Comité de Seguridad Alimentaria Mundial en 2012.

Además de ubicaciones de puntos críticos, las empresas pueden utilizar un sistema de "puntos críticos" para:

- Sectores o productos: productos básicos que se sabe que suelen estar relacionados con la deforestación o la degradación forestal;
- Socios comerciales: proveedores conocidos por comercializar materias primas o abastecerse de los bosques; proveedores
    - conocidos por su historial deficiente en materia de deforestación

- conocidos por haberse abastecido de materias primas procedentes de ubicaciones de puntos críticos (véase más arriba)
- conocidos por operar en ubicaciones de puntos críticos (véase más arriba)
- conocidos por no haber observado los estándares acordados a nivel internacional, como los contenidos en la Guía OCDE-FAO.

Las empresas también pueden dar prioridad a determinados productos, zonas geográficas y proveedores para llevar a cabo evaluaciones más a fondo. Este enfoque ayuda a las empresas a crear transparencia en la cadena de suministro en las áreas, productos y proveedores prioritarios.

Identificar a los distintos actores que intervienen en la cadena de suministro, incluidos los proveedores y socios comerciales, y priorizar utilizando un enfoque basado en el riesgo. Estas actividades pueden representar un reto si los productos se suministran a través de comerciantes locales o en mercados al contado. Mapear la cadena de suministro requerirá dialogar con comerciantes y proveedores, en particular con los que operan en los **puntos de control o cuello de botella** de la cadena de suministro. Las empresas pueden identificar los puntos de control, tal como los puntos de procesamiento en los que hay relativamente pocas empresas que manejan la mayoría de los insumos. Algunos ejemplos son los procesadores de materias primas, los comerciantes de materias primas, los mayoristas, los exportadores y/o las bolsas de productos básicos.

Repetir este proceso antes de hacer nuevas inversiones o emprender actividades comerciales que resulten en cambios en la cadena de suministro.

Establecer un **sistema de control y transparencia** a lo largo de la cadena de suministro incluye:

- Evaluar el tipo y la calidad de la trazabilidad de la cadena de suministro o la cadena de custodia ofrecida por los proveedores, y cualquier queja o reclamación presentada contra cualquiera de los actores de la cadena de suministro, incluidos los proveedores y los socios comerciales.
- Los enfoques para la trazabilidad incluyen la trazabilidad hasta el origen; la trazabilidad hasta un proveedor que disponga de un sistema propio y sólido de trazabilidad y debida diligencia (siendo la empresa transformadora la responsable de evaluar la solidez de este sistema); la trazabilidad hasta una jurisdicción que pueda demostrar un riesgo insignificante de deforestación vinculado a la materia prima a lo largo de toda la jurisdicción; y el uso de un sistema fiable de certificación o cadena de custodia.

El alcance de la información recopilada sobre proveedores y socios comerciales depende de la gravedad del riesgo de deforestación y de lo estrechamente vinculados que estén al riesgo identificado. En zonas con alto riesgo de deforestación, será necesario un mayor grado de trazabilidad o cadena de custodia hasta el nivel de la explotación agrícola; en algunas zonas esto supondrá un reto. La brecha potencial entre el nivel de riesgo de deforestación y la granularidad de la información sobre la zona de producción deberá tomarse en consideración a la hora de definir la estrategia de mitigación del riesgo.

Existen diferentes sistemas de trazabilidad, incluidos los utilizados en muchos esquemas de certificación (véase el Anexo A. Recursos para más información sobre los esquemas de certificación). En función de la granularidad de la información que supervisan, ofrecen diversos niveles de confianza con respecto al vínculo entre los productos básicos y el lugar de producción y, por ende, el riesgo de deforestación:

- Según el modelo de *preservación de la identidad*, los productos de una única fuente certificada identificable se mantienen separados de los productos no certificados, y de los productos certificados de otras fuentes, a lo largo de toda la cadena de suministro. Se conoce la parcela de producción.
- Según el modelo de *segregación*, los productos certificados provenientes de distintas fuentes certificadas se mezclan, pero se mantienen separados de los productos no certificados.

- Según el modelo de *equilibrio de masas*, los productos certificados se mezclan con los no certificados, pero las proporciones se controlan administrativamente; los usuarios pueden anunciar su producto como parcialmente certificado (o mixto), normalmente con una cifra porcentual específica.
- Según el modelo *reserva y reclamo*, los productos certificados no se mantienen separados, sino que los proveedores de productos certificados venden créditos a los usuarios; aunque el usuario no utilice ningún producto certificado, sí contribuye a cubrir los costos de la producción responsable.

El Recuadro 2 enumera los tipos y algunas posibles fuentes de información que necesitan las empresas para estos fines.

Recuadro 2. Tipos y posibles fuentes de información para mapear la cadena de suministro y evaluar los riesgos de deforestación

Tipos de información:

- Nombres y ubicaciones de los agricultores, comerciantes locales, procesadores y cualquier otra empresa de la cadena de suministro que una empresa situada en niveles más inferiores quiera rastrear
- Volúmenes medios de producción de las fincas o áreas jurisdiccionales que suministran los productos básicos, para detectar posibles fugas entre áreas de producción con diferentes riesgos de deforestación
- Datos nacionales sobre producción y comercio de los productos básicos en cuestión; esto puede ayudar a detectar posibles fugas, como importaciones ocultas desde un tercer país en zonas de suministro cercanas a las fronteras
- Información sobre instalaciones de procesamiento (por ejemplo, molino de aceite de palma o zonas de abastecimiento de trituradoras de soja)
- Cuando proceda, datos de geolocalización (coordenadas geográficas) de la parcela de tierra en la que se cultivan los productos, mediante coordenadas de punto o cartografía poligonal de la parcela de producción, los límites de la finca o una zona más amplia, como un pueblo, un paisaje o una jurisdicción
- Bases de datos cartográficos y de registro de explotaciones agrícolas
- Marcos jurídicos para la producción de materias primas y productos adquiridos por la empresa y para la conversión forestal en los países de producción, niveles de gobernanza y aplicación de la ley, cumplimiento de la legislación, respeto de los derechos humanos y de los derechos sobre la tierra, y corrupción
- Datos del sistema de certificación, incluidos, por ejemplo, los volúmenes de productos totalmente certificados y de productos certificados según criterios más limitados
- Análisis visuales, isotópicos o de ADN de las muestras (pueden ayudar a distinguir entre especies, por ejemplo en el caso de la madera, y en el caso de algunas materias primas, entre distintos orígenes geográficos)

Fuentes potenciales:

- Órdenes de compra y facturas, números de lote de mercancías y productos
- Cuestionarios para proveedores, incluidos sus subproveedores
- Visitas in situ a las zonas de producción, transformación y almacenamiento

- Programas de empresas y asociaciones empresariales, resúmenes públicos de informes de auditoría y declaraciones sobre productos o sellos, incluidos los sistemas voluntarios de certificación y de verificación de la legalidad
- Información generada a través de enfoques jurisdiccionales o de paisaje
- Proveedores privados o públicos de teledetección
- Herramientas de mapeo y transparencia en la cadena de suministro, por ejemplo TRASE, SPOTT, FLEGT IMM, Open Timber Portal, proveedores comerciales, iniciativas sectoriales y proyectos de cooperación
- Sistemas de trazabilidad, por ejemplo sistemas de trazabilidad comerciales o nacionales, monitoreo forestal independiente (*Independent Forest Monitoring*), sistemas de garantía de legalidad de la madera (*Timber Legality Assurance Systems*)
- Herramientas específicas de seguimiento y evaluación del riesgo de deforestación, por ejemplo Vigilancia Mundial de los Bosques (*Global Forest Watch*)
- Estadísticas agrícolas y comerciales de bases de datos nacionales o internacionales, por ejemplo FAOSTAT, UN Comtrade; registros de tierras y otras fuentes de datos sobre tierras como Land Matrix u Open Land Contracts
- FAOLEX (una base de datos exhaustiva sobre legislación y políticas)

Nota: Todas las iniciativas enumeradas aquí abordan la deforestación según diferentes modelos o enfoques; siempre se deberían realizar esfuerzos para verificar su confiabilidad.

Evaluar los riesgos de deforestación asociados a los productos, bienes, servicios, proveedores y zonas de abastecimiento

Una vez conocida la zona de procedencia de las materias primas y los productos cubiertos por la política de deforestación de la empresa, es posible evaluar el riesgo de que su producción haya estado asociada a la deforestación.

Probabilidad y gravedad. La importancia de un impacto negativo depende de su probabilidad y de su gravedad. La gravedad de los impactos puede analizarse en función de su magnitud, alcance y carácter irreparable:

- La *escala* del impacto negativo se refiere a la gravedad del impacto sobre los bosques en su conjunto, o sobre determinados tipos de bosques (por ejemplo, zonas protegidas, zonas de alto valor de conservación, zonas con altas reservas de carbono), o al alcance de los cambios en la composición de especies de árboles.
- La *magnitud* se refiere al alcance del impacto, por ejemplo, la extensión del daño al bosque por superficie total o por impactos en zonas o especies específicas.
- *Carácter irreparable* significa un límite en la capacidad de restituir el bosque, o las especies dependientes del bosque, o las personas que viven, trabajan o dependen de él, a una situación equivalente a la que se encontraban antes del impacto negativo. Debería prestarse especial atención a los retos sustanciales que implica restaurar los valores y funciones sociales y medioambientales de un bosque.

El proceso de priorización es continuo y, en algunos casos, impactos negativos nuevos o emergentes pueden surgir y priorizarse antes de pasar a los impactos menos significativos.

La evaluación de riesgos debería combinar información sobre:

- Extensión y tipo de cobertura forestal en la zona de abastecimiento

- Tendencias en materia de deforestación en el área (en general, no sólo para productos específicos)
- Información sobre los impulsores directos de la deforestación
- Información sobre los impulsores indirectos de la deforestación
- Niveles de trazabilidad
- Complejidad de la cadena de suministro

Cuanto mayor sea la extensión y el riesgo de deforestación, mayor será el nivel de detalle necesario. Cuando el riesgo es muy bajo, puede ser suficiente una evaluación a nivel nacional o regional; cuando es más alto, la evaluación deberá centrarse en zonas más pequeñas y puede requerir información detallada de geolocalización a nivel de la explotación. Subsanar las lagunas de información en las zonas de alto riesgo debería ser una prioridad.

Cobertura forestal. Debería incluir evaluaciones de la proximidad de los proveedores a las tierras forestales restantes dentro de la zona de suministro (incluidas las propias explotaciones) y adyacentes, lo que debería ayudar a la empresa a evaluar el riesgo de deforestación futura. Por ejemplo, una región con bajas tasas de deforestación pero con una cantidad significativa de bosque en pie supone un riesgo mayor en comparación con una región con altas tasas de deforestación previas pero en la que no queda bosque.

Tendencias de deforestación. Cada vez hay más fuentes de información disponible sobre las tasas de deforestación y su incidencia (véase el Recuadro 3 y el Glosario). Los frentes de deforestación se mueven con el tiempo y sus dinámicas no son lineales. Por lo tanto, el riesgo de deforestación en las zonas de suministro (que a su vez pueden cambiar con frecuencia) debería actualizarse periódicamente, y debería considerarse el uso de servicios de alerta de deforestación.

Impulsores directos. Un impulsor directo de la deforestación es la causa directa de la pérdida de bosques y del cambio de uso de la tierra asociada. Estimar la probabilidad de que la conversión de bosques en tierras de cultivo o pastizales sea causada por la ampliación de la producción del producto utilizado por la empresa es un elemento clave de la evaluación del riesgo.

Impulsores subyacentes/ indirectos. Los impulsores indirectos, a veces llamados impulsores subyacentes, incluyen las causas políticas, legales, económicas, sociales o contextuales que indujeron al cambio de uso de la tierra. Por ejemplo, si las pruebas demuestran que el aumento de la demanda y/o el aumento de los precios de un producto básico específico han impulsado la deforestación, y las previsiones comerciales indican que esta tendencia se mantendrá, entonces el riesgo de deforestación seguirá siendo alto. Otro ejemplo: si los estándares de gobernanza forestal y del uso de la tierra y la aplicación de la ley son débiles, el riesgo de deforestación será mayor que si son más robustos.

La complejidad de la cadena de suministro, incluyendo el número de pasos intermedios dentro de la misma, y el riesgo de mezcla de productos procedentes de orígenes desconocidos o de alto riesgo potencial. Esto incluye la identificación de los distintos actores que intervienen en la cadena de suministro, incluidos proveedores y socios comerciales. Esto es importante: cuanto mayor sea el número de eslabones de la cadena, mayor será el riesgo, ya que cada eslabón aumenta potencialmente la posibilidad de que entren en los suministros productos asociados a la deforestación. El tipo de eslabones, por ejemplo, comerciantes intermediarios que se abastecen directamente de las explotaciones agrícolas y venden los productos básicos al siguiente eslabón de la cadena de suministro, también es importante, sobre todo cuando el producto básico se obtiene de un gran número de proveedores, como los pequeños agricultores, que pueden necesitar apoyo para cumplir la política de la empresa.

Cuando no sea posible abordar todos los impactos identificados, la empresa debería priorizar las acciones en función de la gravedad y la probabilidad del impacto negativo. Una vez identificados y abordados los impactos más significativos, la empresa debería pasar a abordar los impactos menos significativos.

Recuadro 3. Posibles fuentes de información sobre la deforestación y sus factores impulsores

- Teledetección por satélite o radar (por ejemplo, Global Forest Watch, Terrai, Earth Resources Observation and Science (EROS) Center); sistemas nacionales (por ejemplo, PRODES, Brasil; Mapbiomas; IDEAM, Colombia; Geobosques, Perú)
- Evaluaciones de la situación de la gobernanza y el cumplimiento de la ley en el país de origen, por ejemplo, los indicadores mundiales de gobernanza del Banco Mundial, el Índice de Percepción de la Corrupción de Transparency International o el índice de Freedom House
- Alertas de deforestación, por ejemplo, alertas GLAD de Global Forest Watch, alertas de perturbación forestal de RADD
- La serie de evaluaciones de recursos forestales mundiales de la FAO
- Comunidades locales, pueblos indígenas y organizaciones de la sociedad civil; monitores forestales independientes o comunitarios (empoderar a miembros de la comunidad para que actúen como monitores forestales puede ser una forma eficaz de recopilar datos y alertar sobre la deforestación)
- Evaluaciones de riesgo de países o paisajes, por ejemplo, las conducidas por LandScale
- Información recopilada a través de mecanismos de reclamación y alerta temprana
- Estudios sobre los factores impulsores de la deforestación, informes de medición, reporte y verificación (MRV), por ejemplo, en estrategias nacionales REDD+.
- Herramientas proporcionadas por la sociedad civil, como el Cocoa Accountability Map de Mighty Earth
- Para más información, consultar el Anexo A. Recursos.

Evaluación de riesgos: ¿qué tipos hay y quién hace qué?

Existen varios tipos y niveles de evaluación de riesgos.

- **La evaluación de riesgos en función del contexto:** A escala nacional o regional, evaluando el marco normativo, el contexto político, las libertades civiles y el entorno socioeconómico.
- **Las evaluaciones de riesgos a nivel local** pretenden comprender las circunstancias fácticas de las operaciones de los socios comerciales para evaluar el alcance, la gravedad y la probabilidad de los riesgos a nivel del emplazamiento. Las evaluaciones pueden incluir la comprobación de los volúmenes de productos básicos producidos en determinadas zonas con respecto a los volúmenes permitidos, la realización de consultas con las partes interesadas, la supervisión por parte de terceros, como organizaciones de la sociedad civil, y la organización de visitas a las explotaciones y/o plantas de transformación.
- **Las empresas en los niveles superiores de la cadena de suministro** (como explotaciones agrícolas y plantaciones) pueden crear equipos de evaluación en el terreno para generar y compartir información verificable, fiable y actualizada sobre el alcance de la deforestación. Estas empresas también deberían asegurarse de respetar a los titulares legítimos de los derechos de tenencia de la tierra- (véase el Recuadro 1). Deberían proporcionar los resultados de sus evaluaciones de riesgos a las empresas localizadas en los niveles inferiores de la cadena de suministro.
- **Las empresas en los niveles inferiores de la cadena de suministro** no sólo deberían identificar los riesgos en sus propias operaciones, sino también, en la medida de lo posible, evaluar los

riesgos a los que se enfrentan sus proveedores y subproveedores. Pueden hacerlo evaluando la debida diligencia llevada a cabo por sus proveedores o evaluando directamente las operaciones de sus proveedores, por ejemplo, realizando visitas a explotaciones agrícolas y comunidades locales. Herramientas como las alertas de deforestación pueden ayudar a detectar posibles asociaciones entre las actividades de los proveedores y la deforestación. Se debería buscar información tanto sobre los sistemas de los proveedores como sobre los volúmenes de productos que suministran. Participar en programas sectoriales que evalúen el cumplimiento de las políticas de deforestación por parte de los socios comerciales y facilitar información pertinente puede servir de apoyo a estas evaluaciones.

- **Las empresas financieras** deberían llevar a cabo la debida diligencia con respecto a sus clientes e inversiones. La naturaleza y el alcance de la debida diligencia dependerán del tamaño y la naturaleza de la cartera de inversiones de la empresa y de su relación con clientes e inversiones específicos (por ejemplo, la participación en la propiedad de la empresa, la duración de la inversión, el acceso a la información pertinente y la probabilidad de que pueda ejercerse una influencia significativa). Cuando las empresas financieras tienen un gran número de clientes y empresas participadas, se les alienta a priorizar los esfuerzos basándose en evaluaciones de riesgo. Las empresas financieras deberían tratar de dar prioridad a los impactos más graves relacionados con la deforestación para aplicar la debida diligencia, sin dejar de vigilar los riesgos, evaluar las decisiones de priorización y desarrollar sus acciones en la medida de lo posible y según lo necesario a lo largo del tiempo, para abarcar un abanico más amplio de clientes y empresas participadas y de acciones.

Sugerencias para pequeñas y medianas empresas

Todas las pymes:

- determinar en qué productos centrarse y priorice en consecuencia sus esfuerzos de mapeo.
- elaborar una lista de sus proveedores directos e indirectos (subcontratados) e identificar cuáles pueden requerir un mayor escrutinio/acciones de debida diligencia en términos de deforestación (por geografía/ubicación, tipo de materia prima, partes en la cadena de suministro, tamaño de la empresa).
- La información sobre los proveedores directos e indirectos puede recopilarse de distintas formas para minimizar los costos, incluida la investigación documental utilizando información pública disponible en línea, trabajando con iniciativas de terceros o sistemas de certificación, trabajando colectivamente como parte de asociaciones industriales. Algunas colaboraciones industriales permiten a las pymes compartir información sobre evaluación de riesgos, trazabilidad y, en ocasiones, seguimiento.
- Pedir a sus proveedores directos que le envíen información sobre sus prácticas de debida diligencia, prácticas de abastecimiento y políticas de deforestación; evaluar estos métodos para determinar mejor qué proveedores pueden carecer de medidas eficaces para considerar los riesgos de deforestación.
- Considerar realizar llamadas o visitas periódicas a los proveedores que operan en los puntos de control de la cadena de suministro para comprender mejor cómo identifican, previenen y mitigan los impactos de la deforestación en las materias primas a las que ha dado prioridad.

Además, las pymes arriba en la cadena de suministro pueden:

- Saber de dónde procede su producto y cómo se cultiva y obtiene; puede ser más factible centrarse en zonas de origen específicas que en zonas más amplias.
- Reunirse con cooperativas, agricultores u otros productores, y pueblos indígenas y comunidades locales, que están en primera línea de los riesgos de producción y deforestación.
- Aumentar su influencia: colaborar con otras pymes que se abastezcan de los mismos productores para identificar y priorizar los riesgos de deforestación en el sector.
- Solicitar asesoramiento e información a asociaciones empresariales, esquemas de certificación (privados o nacionales), organizaciones internacionales (por ejemplo, OCDE, FAO, PNUMA), entidades gubernamentales, ONG, sindicatos e iniciativas relevantes de múltiples partes interesadas.

Paso 3: Diseñar e implementar una estrategia para enfrentar los riesgos de deforestación

El Paso 3 de la Guía OCDE-FAO consiste en responder a los hallazgos sobre los riesgos de deforestación mediante la presentación de informes a la alta dirección designada y el diseño y la adopción de un plan de gestión de riesgos. El plan debería incluir medidas apropiadas de mitigación y prevención de riesgos. Las empresas deberían asegurarse de que se aborden los riesgos y de que se estén tomando medidas para hacer frente a los impactos negativos que hayan ocurrido.

Figura 6. Diseñar e implementar una estrategia para enfrentar los riesgos de deforestación

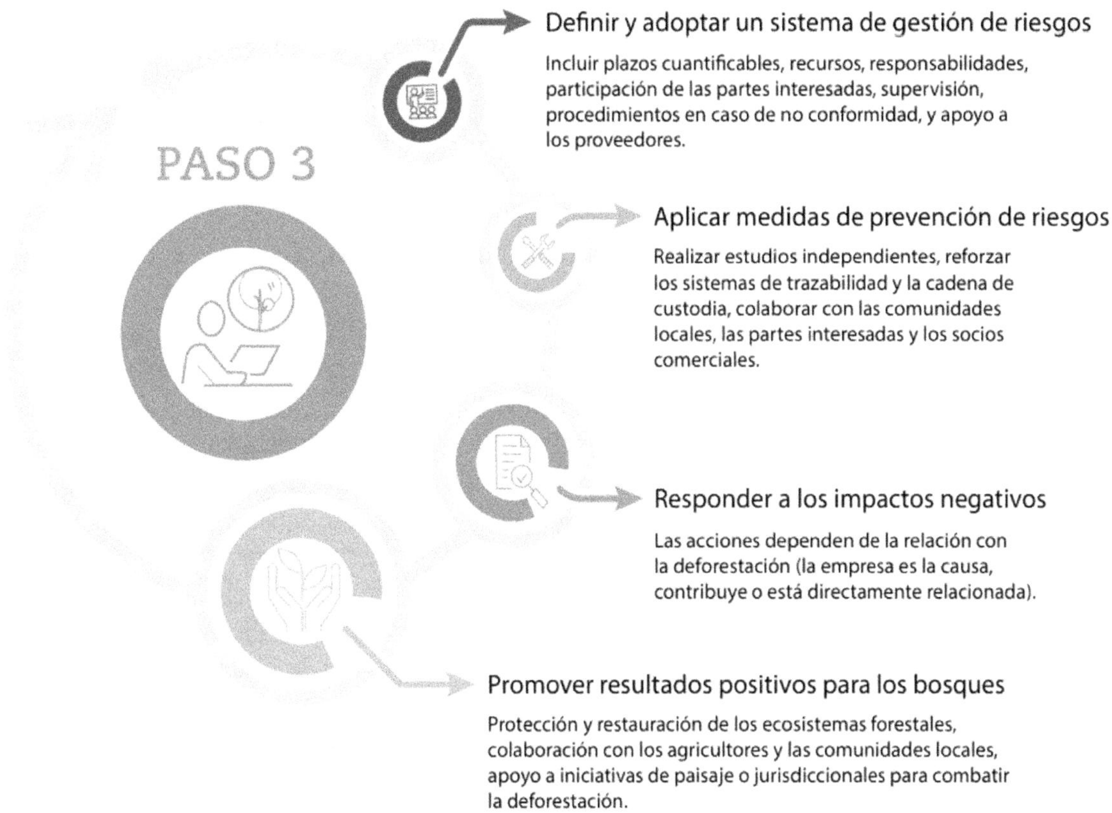

Preguntas estratégicas para las empresas

Diseñar la estrategia

- ¿Contamos con una estrategia con acciones claras para responder a los riesgos de deforestación identificados? ¿Con qué frecuencia deberíamos actualizarla?
- ¿Qué actividades tenemos capacidad de llevar a cabo en respuesta a los riesgos e impactos de la deforestación y a cualquier legislación futura?
- ¿Cómo hemos colaborado con las partes interesadas externas en el desarrollo de nuestra estrategia?
- ¿Cómo nos aseguramos de que nuestra estrategia esté actualizada y funcione, por ejemplo, mediante un proceso de revisión anual o la colaboración con actores del sector?
- ¿En qué medida podemos trabajar directamente con los productores? ¿Qué asistencia y apoyo necesitan (prestando especial atención a los pequeños productores independientes y contratados)?
- ¿Sabemos cuándo tenemos que ofrecer una solución (por ejemplo, en casos de "causar deforestación")? ¿Hemos considerado las soluciones que podríamos ofrecer?
- ¿Qué medidas podemos tomar para innovar en nuestros planes de mitigación de riesgos? Entre los temas a considerar figuran el papel de la tecnología, la colaboración intersectorial, el compromiso con los gobiernos en las distintas fases de la cadena de suministro y el compromiso con los pueblos indígenas y las comunidades locales.

Implementar la estrategia

- ¿Quién es responsable en nuestra empresa de la implementación de esta estrategia? ¿Hemos identificado en cada departamento a las personas responsables de hacer su parte para reducir el riesgo identificado? ¿Cómo se mantiene informada a la Junta de nuestras acciones?
- ¿Tenemos presencia en el país o en la región, o tendremos que recurrir a terceros para que lleven a cabo actividades en representación nuestra? ¿Con qué frecuencia informan de los progresos?
- ¿Qué acciones podemos emprender para aumentar la influencia global en la cadena de suministro con el objetivo de cambiar el comportamiento empresarial de los proveedores y abordar las causas profundas de la deforestación (por ejemplo, estamos colaborando con los gobiernos y las organizaciones de los países productores, incluidos los Puntos Nacionales de Contacto de la OCDE para la CER y los puntos focales de la FAO en los diferentes países)?
- ¿Hasta qué punto necesitamos socios externos para crear impacto en el terreno?
- ¿Cómo se miden y recompensan los avances y el impacto de nuestra estrategia de mitigación de riesgos?

Definir y adoptar un plan de gestión de riesgos

Una vez evaluado el riesgo de asociación de las operaciones y cadenas de suministro de la empresa respecto a la deforestación, la siguiente etapa consiste en detener el daño o mitigar el riesgo y en prevenir futuros riesgos. Todas las medidas y procesos relacionados deberían definirse en un plan de gestión de riesgos; planes separados pueden ser necesarios para diferentes materias primas o diferentes áreas de abastecimiento.

El Recuadro 4 incluye posibles medidas de prevención de riesgos que pueden ayudar a gestionar el riesgo de deforestación en las operaciones y cadenas de suministro de la empresa. Las empresas deberían consultar la Guía OCDE-FAO para obtener más detalle.

Recuadro 4. Medidas de prevención de riesgos

Las medidas de prevención de riesgos disponibles para las empresas dependerán de su posición en la cadena de suministro y de su capacidad; algunas de las medidas que figuran a continuación son aplicables principalmente a los productores y otras a las empresas que se abastecen directamente de los productores.

Las medidas para mejorar la transparencia y el nivel de información disponible incluyen:

- Requerir de más de una fuente de información sobre los productos (véase el Recuadro 2 y el Recuadro 3)
- Realizar encuestas o auditorías independientes de las áreas de origen y/o los socios comerciales
- Comisionar una auditoría independiente del sistema de debida diligencia de la empresa
- Realizar auditorías de los sistemas de debida diligencia de los proveedores, centrándose en sus sistemas para identificar y abordar los riesgos de deforestación
- Reforzar la trazabilidad o los sistemas de cadena de custodia y comprometerse con los puntos de control de las principales cadenas de productos básicos
- Empoderar a los miembros de la comunidad local para que actúen como monitores forestales
- Utilizar sistemas de certificación (evaluando cuidadosamente que el sistema seleccionado considere la protección de los bosques)
- Compartir potencialmente información sobre riesgos y estrategias de mitigación de riesgos con otras empresas a través de asociaciones empresariales o plataformas público-privadas; es probable que esto sea especialmente valioso para las pymes
- Comunicarse regularmente con los Puntos Nacionales de Contacto de la OCDE para la CER.

Entre las medidas para comprometer a los proveedores se incluyen la mejora de la sensibilización y ofrecer asistencia e incentivos, especialmente a los pequeños agricultores, sobre todo a los afectados por cualquier fecha límite de deforestación que la empresa esté aplicando o que sea exigida por la reglamentación.

- Ofrecer apoyo financiero, contratos a más largo plazo
- Prácticas de compra responsables
- Mejores condiciones de pago
- Acceso a expertos forestales o expertos en debida diligencia
- Capacitación y formación. En algunos casos, las ONG locales u otras organizaciones pueden prestar mejor este apoyo.

El plan de gestión de riesgos debería especificar:

- Los plazos para desarrollar cada una de las medidas y procesos que deberían ser adoptados.
- Los recursos que deberían movilizarse, tanto presupuestarios (para viajes, adquisición de datos, sistema de trazabilidad, etc.) como humanos (expertos forestales y juristas, por ejemplo).
- Los roles y responsabilidades dentro de la empresa para la implementación de las medidas de gestión (por ejemplo, quién en la Junta podría ser un recurso para responder a los problemas de

deforestación, la participación de los equipos en las contrataciones, los jefes regionales de las áreas que incluyen localizaciones de puntos críticos, etc.).

- Los procedimientos de consultas con las partes interesadas afectadas, incluidos los socios comerciales, los gobiernos y las comunidades perjudicadas y la sociedad civil de los países de origen, para esclarecer las preocupaciones y definir la estrategia de mitigación riesgos y las oportunidades para alimentar las políticas y la estrategia de deforestación de la empresa.
- Los sistemas de seguimiento para evaluar la aplicación del plan y sus impactos (incluido, por ejemplo, el acceso a datos disponibles públicamente/seguimiento por satélite de los bosques, indicadores/datos a recopilar de los proveedores), y procesos de rendición de cuentas a los altos directivos designados.
- Los procedimientos a seguir en caso de incumplimiento por parte de los proveedores y los planes de seguimiento, tales como la sensibilización, la formación en detección, y la notificación sobre la deforestación.
- Los procedimientos para apoyar a los productores, especialmente a los pequeños agricultores, prestando atención a la igualdad de género y a la inclusión social.

Responder a los impactos negativos: implementar el plan de gestión de riesgos, monitorear y hacer un seguimiento de los resultados

La respuesta de una empresa a los impactos negativos dependerá de la medida en que los cause, contribuya o esté directamente relacionada con ellos. En el caso específico de la deforestación, significa lo siguiente:

Si la empresa ha causado la deforestación, debería cesar las actividades que la causan, prevenir otros impactos negativos potenciales y ofrecer reparación para los impactos negativos que haya causado. Esto puede implicar la suspensión temporal de las operaciones mientras se realizan esfuerzos cuantificables para prevenir cualquier impacto negativo futuro, o la suspensión permanente de las operaciones si estos impactos no pueden mitigarse.

Cuando los ejercicios de evaluación y mapeo determinen que la empresa ha contribuido a la deforestación, debería detener y ofrecer reparación respecto a su contribución y utilizar su influencia sobre sus socios comerciales para mitigar cualquier impacto negativo residual. Esto puede implicar la suspensión temporal de las operaciones. La empresa también debería tomar medidas preventivas para asegurarse de que dichos impactos negativos no se repitan.

Si la empresa no ha contribuido a la deforestación, pero se ha observado un impacto directamente vinculado a sus operaciones, productos o servicios a través de una relación comercial, debería utilizar su influencia para mitigar o prevenir el impacto negativo, por ejemplo, solicitando cambios en el plan de inversión para garantizar la conservación de los bosques y el fomento de prácticas de producción sostenibles. Esto puede llevar a desvincularse de un socio comercial tras intentos fallidos de mitigar los riesgos, o cuando se considere que la mitigación del riesgo no es viable o es inaceptable.

Cuando sea posible, es preferible continuar la relación y demostrar una perspectiva realista de mejora o una mejora tangible con el paso del tiempo. La empresa debería también tomar en consideración los posibles impactos negativos sociales, ambientales y económicos relacionados con la decisión de desvincularse. Cuando decidan desvincularse, las empresas deberían hacerlo de manera responsable, lo que implica realizar una consulta significativa con las partes interesadas pertinentes de manera oportuna y, cuando sea posible, tomar medidas razonables y apropiadas para prevenir o mitigar los impactos negativos relacionados con la desvinculación.

Los factores pertinentes para determinar la respuesta apropiada incluyen: la gravedad del impacto negativo, la capacidad de la empresa para influir y/o ejercer influencia sobre el socio comercial u otros actores relevantes (por ejemplo, el gobierno), y la importancia del socio comercial para la empresa (si es importante, la empresa debería aumentar sus esfuerzos para cambiar el comportamiento del socio; si es menos importante, la desvinculación puede ser una mejor opción). En función de la posición de la empresa en la cadena de suministro, las empresas disponen de una amplia gama de medidas para mitigar los impactos negativos de la deforestación. Cuando sea posible, deberían incluir medidas que tengan un impacto positivo en los bosques y en los trabajadores y comunidades que dependen de ellos, lo que a veces se denomina acciones "positivas para los bosques".

Responder a los impactos de la deforestación y promover resultados positivos para los bosques

Las acciones para proteger y restaurar los bosques incluyen:

- Identificar las áreas de riesgo futuro para los bosques en las cadenas de suministro de la empresa, o cercanas a ellas, e involucrar a los proveedores para que adopten medidas preventivas. Esto podría incluir, por ejemplo, la colaboración con los agricultores para entender por qué puede producirse la deforestación y qué medidas podrían adoptarse para garantizar que no se produzca.
- Invertir en programas que fomenten la conservación de los bosques y las prácticas sostenibles de producción agrícola, como la agroforestería y los cultivos intercalados.
- Apoyar la restauración de los ecosistemas forestales en zonas de bosques degradados, así como la restauración y el uso sostenible de las tierras en barbecho o degradadas.
- Optar por comprarle a aquellos proveedores que apliquen prácticas positivas para los bosques, como la conservación y restauración de los bosques, al tiempo que promueven medios de vida sostenibles.
- Recompensar a estos proveedores comprando sus productos a un precio superior, comprando mayores cantidades o acordando contratos a largo plazo.

Trabajar con agricultores, cooperativas de agricultores y comunidades locales, que son fundamentales en la gestión de la conservación y restauración de los bosques, puede incluir:

- Adoptar y comunicar compromisos explícitos de respeto de los derechos de los pueblos indígenas y las comunidades locales (Véase el Anexo B de la Guía OCDE-FAO: Involucramiento con los Pueblos Indígenas (OCDE/FAO, 2016[1]).
- Recopilar información sobre la tenencia de la tierra (tanto los derechos legales como los consuetudinarios) dentro de las operaciones y cadenas de suministro de la empresa y las de sus proveedores, y adoptar medidas para garantizar que no se vean afectadas negativamente por las operaciones de la empresa.
- Apoyar la innovación y el desarrollo de capacidades para mejorar la productividad agrícola y los sistemas de producción diversificados, incluidos los sistemas agroforestales y de gestión agrícola, con el objetivo de reducir la pobreza y satisfacer las necesidades de seguridad alimentaria de las comunidades sin expandirse hacia los bosques.
- Apoyar a los agricultores, especialmente a los pequeños productores, para que adopten innovaciones agrícolas y técnicas y tecnologías sostenibles y positivas para los bosques, de modo que incrementen sus ingresos, sus explotaciones sean más productivas y resistentes y los bosques se mantengan en pie.

- Pagar a los agricultores y a las organizaciones agrarias (como las cooperativas y las organizaciones de mujeres productoras) precios justos por sus productos, con el objetivo de contribuir a la obtención de ingresos dignos, potencialmente vinculados a los resultados obtenidos en la reducción de la deforestación y la degradación forestal, la adopción de técnicas de producción sostenibles y el compromiso con la restauración de los ecosistemas forestales.
- Apoyar las iniciativas de medios de vida de los pequeños agricultores que favorezcan la conservación de los bosques y la resiliencia e inclusión de los agricultores, incluyendo contratos a largo plazo, prácticas de compra responsables, fortalecimiento de estructuras organizativas como las cooperativas, implementación de sistemas de trazabilidad y apoyo financiero.
- Fomentar y apoyar las iniciativas locales, con el involucramiento de los agricultores, las comunidades locales, los pueblos indígenas, las mujeres y otros grupos marginados, la industria local y el gobierno, para desarrollar e implementar soluciones locales.
- Colaborar con el gobierno local para fomentar de forma conjunta condiciones marco propicias para la producción sin deforestación, como la clarificación y el reconocimiento de los derechos sobre la tierra y la prestación de apoyo específico por parte de los funcionarios de extensión agraria.
- Participar o desarrollar sistemas de pago por servicios ecosistémicos.

Apoyar las iniciativas de paisaje y jurisdiccionales para ayudar a abordar las causas de la deforestación en determinadas regiones puede incluir:

- Contribuir al desarrollo de estrategias positivas para los bosques en todo un paisaje o jurisdicción: las medidas incluyen la mejora de la planificación del uso de la tierra, la identificación de zonas prohibidas, el refuerzo del monitoreo forestal por parte de las autoridades públicas y/o las comunidades locales, la ayuda a las empresas a evitar la deforestación y a gestionar zonas de conservación.
- Ayudar a promover la colaboración entre el sector privado dentro del paisaje o la jurisdicción, junto con los gobiernos, las comunidades, los pueblos indígenas y las fuentes de apoyo financiero y de inversión.
- Apoyar a los monitores forestales locales y a los defensores del medio ambiente.
- Apoyar las iniciativas y las partes interesadas comprometidas en la mejora del cumplimiento de la ley.
- Apoyar y abogar por mejoras en el entorno propicio más amplio, incluyendo, por ejemplo, una mayor transparencia en la cadena de suministro, trazabilidad y sistemas de control; mejoras en la gobernanza y la aplicación de la ley, especialmente en materia de derechos humanos y derechos sobre la tierra; y la provisión más amplia de apoyo agrícola, infraestructuras y servicios públicos, con el apoyo apropiado de donantes y entidades públicas nacionales y locales.
- Participar en el desarrollo de mecanismos de financiación sostenible para iniciativas de conservación y restauración que incluyan beneficios sociales y medioambientales, como la mejora de la biodiversidad y medios de vida más resilientes, y el respeto de los derechos humanos.

Promover y apoyar iniciativas internacionales para reducir la deforestación y potenciar las acciones positivas para los bosques puede incluir:

- Fomentar y participar en el desarrollo de mesas redondas sobre productos básicos, esquemas de certificación y otras iniciativas de múltiples partes interesadas.
- Participar en iniciativas industriales, asociaciones empresariales y coaliciones relevantes.
- Apoyar el desarrollo de fuentes de datos accesibles y confiables sobre las tasas de deforestación y sus causas, así como ejemplos de mejores prácticas positivas para los bosques.

- Contribuir a la divulgación de información y conocimientos sobre iniciativas, regulaciones y esquemas internacionales, en particular sobre los procesos vinculados al marco REDD+.

Sugerencias para pequeñas y medianas empresas

Todas las pymes:

- Designar a alguien en su empresa para que dirija y decida quién debería participar en el diseño y la implementación de su estrategia; asegurarse de que cuente con los recursos, conocimientos y apoyo suficientes.
- Aprovechar las iniciativas del sector y las redes de asociaciones para conocer cómo abordan los problemas sus homólogos y otras empresas, y si tienen enfoques similares que puedan orientar sus esfuerzos.
- Para impulsar el cambio, incluir metas y objetivos de deforestación en las evaluaciones de rendimiento y los incentivos al personal.
- Asegurar que los riesgos identificados figuren en las condiciones de venta, las prácticas de adquisición y contratación y en las cláusulas de sus acuerdos.
- Identificar los recursos necesarios para llevar a cabo las actividades de su plan de gestión de riesgos.
- Compartir su plan de acción con todos sus proveedores y pedir que lo compartan también con los socios de la cadena de suministro con los que no se tenga contacto directo.
- Explicar a los proveedores que pueden ser identificados en sus esfuerzos de priorización que necesitará mejorar la cooperación para reducir el riesgo de deforestación.

Además, las pymes en los niveles superiores de la cadena de suministro pueden:

- Considerar la posibilidad de incluir en su estrategia acciones para desarrollar la cooperación con los productores, los pequeños agricultores, los pueblos indígenas, las comunidades locales u otras partes interesadas en la cadena de suministro, y comunicar dicha estrategia en sentido descendente.
- Incluir las peticiones en materia de debida diligencia que solicitan los clientes, para ayudar a dar forma a su estrategia.

Paso 4: Verificar la eficacia de la debida diligencia en la cadena de suministro

El Paso 4 de la Guía OCDE-FAO consiste en establecer sistemas de seguimiento y monitoreo de las acciones de debida diligencia para verificar la eficacia de la debida diligencia en la cadena de suministro.

Preguntas estratégicas para las empresas

- ¿Realizamos evaluaciones de debida diligencia en los puntos clave de la cadena de suministro (es decir, en los puntos de control o cuellos de botella)?
- ¿Son nuestras evaluaciones de debida diligencia dirigidas internamente o llevadas a cabo por evaluadores externos, o ambas cosas? ¿Hemos recurrido a auditorías externas en caso de lagunas para asegurarnos de que la evaluación sea exhaustiva y tome en cuenta las distintas formas en las que se produce la deforestación (por ejemplo, mediante la subcontratación de distintos proveedores, etc.)? En caso afirmativo, ¿hemos comprobado la independencia y la calidad de esas auditorías y de la información que se obtiene de ellas, y hemos incorporado nuestras propias actividades de control y verificación basadas en riesgos?
- ¿Qué función puede tener la tecnología en la evaluación de nuestras actividades de debida diligencia en materia de deforestación?
- ¿Existen oportunidades de colaborar con otros actores para compartir datos y reducir costos?
- ¿Cómo hemos respondido a las quejas de terceros sobre los riesgos de deforestación?
- Si utilizamos productos de terceros o esquemas de certificación de materias primas, ¿sabemos si estos esquemas están alineados con la Guía OCDE-FAO y el marco de debida diligencia basado en el riesgo? Si no es así, ¿qué medidas podemos tomar para asegurarnos de que estén más alineados?
- ¿Cómo supervisamos a los proveedores con los que no tenemos contrato con el fin de lograr cambios?

Llevar a cabo el seguimiento de la implementación y eficacia de las actividades de debida diligencia

Las empresas deberían tomar medidas para verificar que sus prácticas de debida diligencia sean eficaces, es decir, que se hayan identificado y prevenido adecuadamente los riesgos y se hayan mitigado los impactos negativos. Esto implica tanto el *monitoreo* de los impactos para evaluar y documentar la medida en que las acciones, el progreso, el rendimiento y el cumplimiento se están llevando a cabo o logrando, como la *verificación* del cumplimiento, el rendimiento y/o las acciones en relación con un compromiso, estándar u objetivo establecidos.

Este proceso debería ser proporcional al riesgo; tomar en consideración las capacidades de las distintas empresas, ya que estos procesos pueden ser costosos, y, cuando sea necesario, generar recomendaciones para mejorar las prácticas de debida diligencia.

El *monitoreo* de la eficacia del proceso de debida diligencia de la empresa puede basarse en los tipos de información enumerados en el Capítulo 5 sobre tipos y fuentes potenciales de información sobre materias primas y productos, y sobre fuentes de información sobre deforestación. Este seguimiento debería considerar lo siguiente:

- Los niveles de deforestación y los niveles de riesgo de deforestación, en las zonas donde la empresa se abastece de materias primas y los productos cambian con el tiempo y necesitan un monitoreo continuo. Los elementos enumerados en el Recuadro 2 (sobre tipos y fuentes potenciales de información sobre materias primas y productos) ayudarán a proporcionar información sobre los productos y materias primas en las operaciones y cadenas de suministro de la empresa.

- Las fuentes enumeradas en el Recuadro 3 pueden ayudar a identificar la deforestación en la zona de suministro durante el período examinado: cualquier cambio en la cobertura arbolada de esta zona constituye una alerta, según la cual debería evaluarse el nivel de responsabilidad de la empresa.

La *verificación* de los efectos del procedimiento de debida diligencia de la empresa incluye revisiones de documentos y mecanismos de control interno, verificación a través de datos satelitales, auditorías de terceros,[5] investigaciones in situ y consultas con las comunidades locales, la sociedad civil y las autoridades gubernamentales. La frecuencia y la intensidad de los esfuerzos de verificación deberían basarse en el riesgo, de acuerdo con el Paso 2 de la Guía OCDE-FAO (Identificar los riesgos).

Los resultados de los esfuerzos de monitoreo y verificación deberían retroalimentarse en el diseño y funcionamiento del sistema de debida diligencia, ya que la debida diligencia es un proceso dinámico. Cuando el riesgo se haya mitigado o evitado, la empresa debería llevar a cabo una debida diligencia continua para asegurarse de que el riesgo no se repita o que no aparezcan nuevos riesgos.

La empresa también debería supervisar sus propios mecanismos de control interno y asegurarse de que sean sólidos y funcionen según lo previsto. La consulta y el compromiso con las partes interesadas externas, como los pueblos indígenas, las comunidades locales, la sociedad civil y las organizaciones internacionales, pueden ayudar a detectar problemas y son cruciales para la verificación imparcial y eficiente de los procesos de debida diligencia.

Sugerencias para pequeñas y medianas empresas

Todas las pymes:

- Identificar ONG y comunidades locales u organizaciones internacionales con conocimiento de las comunidades de abastecimiento agrícola en los sectores de productos básicos de su interés; hablar con ellas regularmente para triangular la información que se recibe de los proveedores.
- Conocer, a través de sus clientes o de las regulaciones vigentes, el tipo y la frecuencia de los datos necesarios. Buscar formas de agrupar los datos de todos los clientes o cómo utilizar la tecnología para aumentar la eficiencia y reducir los costos.
- Consultar las plataformas existentes que puedan ayudar a la empresa a identificar alertas de deforestación en sus zonas de suministro.
- Considerar la posibilidad de trabajar con socios y proveedores para introducir quejas conjuntas o sistemas de denuncias. Los Puntos Nacionales de Contacto de la OCDE para la CER también pueden ser un recurso en este ámbito.
- Considerar utilizar herramientas e indicadores de iniciativas del sector, esquemas de certificación o plataformas de deforestación de las que la empresa pueda formar parte, para apoyar su verificación de la debida diligencia.
- Trabajar junto con empresas homólogas y grupos industriales para aumentar su influencia cuando persistan los riesgos de deforestación en sus cadenas de suministro.
- Unirse con otros proveedores, asociaciones empresariales y ONG, si su influencia sobre un socio comercial es insuficiente para fomentar el cambio.

Además, las pymes en los niveles superiores de la cadena de suministro pueden:

- Asegurarse de que sus clientes sepan cómo verificar y recopilar la información, incluyendo el tipo de datos recopilados, la frecuencia de la recopilación y con quién colaborar para obtenerlos.
- Ser transparentes al comunicar qué información no tienen y por qué.
- Discutir con los compradores de los niveles superiores de la cadena de suministro sobre cómo pueden apoyar sus actividades de recopilación de datos y utilizar su influencia y capacidad, que pueden ser mayores que las suyas.
- Identificar y apoyar los sistemas de monitoreo forestal existentes para sus áreas de suministro, ya los basados en el monitoreo comunitario o en estudios de teledetección.

Paso 5: Informar sobre la debida diligencia realizada en la cadena de suministro

El paso 5 de la Guía OCDE-FAO consiste en informar públicamente sobre la debida diligencia en la cadena de suministro.

Preguntas estratégicas para las empresas

- ¿Informamos sobre los riesgos de deforestación identificados en nuestra cadena de suministro y sobre las medidas específicas de mitigación que hemos adoptado?
- ¿Proporcionamos una actualización anual sobre nuestros compromisos en materia de deforestación y cómo progresamos (o no) con respecto a ellos?
- ¿Deberíamos elaborar nuestros informes en un solo documento o en varios informes temáticos independientes ligados a los compromisos de deforestación de nuestra empresa, o a las materias primas que manejamos, o en un capítulo del informe sobre sostenibilidad de nuestra empresa?
- ¿Hemos incorporado las recomendaciones sobre informes en línea con la Guía OCDE-FAO?
- ¿Compartimos estos informes con las partes interesadas externas y solicitamos su opinión sincera sobre lo que está bien y lo que se puede mejorar?
- ¿Cómo contribuyen nuestros informes en materia de debida diligencia a mejorar nuestro aprendizaje general y nuestra debida diligencia para abordar la deforestación?
- ¿Divulgamos públicamente nuestros esfuerzos en las diferentes etapas de la debida diligencia, incluida la cooperación con los proveedores para mitigar los riesgos de deforestación?

Informes públicos

Es importante que las empresas expuestas a riesgos reales o potenciales de deforestación informen pública y periódicamente sobre sus políticas y prácticas de debida diligencia en relación con los bosques (cuando sea apropiado, como parte de un marco más amplio, como los objetivos de no deforestación y conversión), teniendo debidamente en cuenta la confidencialidad empresarial y otros aspectos relacionados con la competencia. Esto puede incluir tanto información cualitativa sobre el diseño del sistema, como informes cuantitativos sobre el desempeño. Esto puede proporcionar a las partes interesadas afectadas, a los socios comerciales y a los inversionistas información clara, precisa y oportuna sobre los impactos negativos reales y potenciales identificados a través de las evaluaciones de impacto en curso, y sobre los pasos y medidas adoptados para mitigarlos o prevenirlos.

La información que podría figurar en estos informes incluye:

- Los compromisos de la empresa con respecto a la lucha contra la deforestación y la degradación forestal, incluidos no sólo los objetivos (de no deforestación o reducción del riesgo en un porcentaje definido, etc.), sino también la definición que la empresa tiene de bosques, deforestación y degradación forestal, las fechas límite, el alcance en término de materias primas y zonas geográficas, etc.
- El porcentaje del volumen de producción de la empresa (tanto de las tierras gestionadas por la empresa como las de abastecimiento) que se considera libre de deforestación, o el porcentaje del que se desconoce esta información.
- Resúmenes de los datos y la información recopilados, que indiquen la exposición de la empresa a los riesgos, los avances realizados en relación con cada objetivo y compromiso (preferiblemente en una serie temporal, que muestre los avances año tras año) y cualquier impacto negativo que haya podido causar o al que haya contribuido.

- Los sistemas de gestión de la empresa, incluida su política de debida diligencia, especificando la estructura de gestión responsable de la debida diligencia dentro de la empresa y quién es directamente responsable.
- Los sistemas de análisis y mitigación de riesgos establecidos por la empresa para hacer frente a la deforestación, incluido su funcionamiento y los sistemas de control existentes, como la certificación, la trazabilidad o la cadena de custodia.
- Cómo se ha utilizado la información recopilada para reforzar el abastecimiento y la gestión responsables, mitigar los riesgos, ofrecer soluciones y cumplir los compromisos de la empresa.
- Cooperación con las partes interesadas y métodos para divulgar información a todos los clientes y proveedores, tanto en los niveles superiores como en los inferiores de la cadena de suministro, incluyendo en el contexto de identificar o gestionar los impulsores de la deforestación.
- Información sobre el cumplimiento de cualquier requisito legislativo nacional y de los estándares internacionales en materia de debida diligencia y deforestación.

La presentación de informes sobre los sistemas de debida diligencia y los resultados de la empresa puede realizarse en diversos contextos y formatos, como los informes anuales de la empresa, los informes de sostenibilidad o informes específicos sobre los impactos de la empresa en los bosques. Los informes pueden hacerse públicos a través del sitio web de la empresa, las redes sociales y las reuniones con las partes interesadas, incluidos los socios en niveles superiores e inferiores de la cadena de suministro. La comunicación debería ser adecuada para los impactos y la audiencia en cuanto a su forma (incluida la traducción a los idiomas correspondientes), frecuencia, accesibilidad y adecuación de la información proporcionada. La información recopilada también puede ser comunicada a los marcos de reporte, como el sistema de divulgación del programa de bosques de CDP, los estándares de reporte de la Iniciativa de Reporte Global (GRI), el sitio web supply-change.org o las asociaciones y agrupaciones comerciales nacionales o internacionales.

Los informes deberían adoptar métricas claras y constantes para facilitar, por ejemplo, el seguimiento y el análisis a nivel de la cadena de suministro o a nivel de país. Las empresas deberían informar sobre los resultados de los procesos en todos los pasos de la debida diligencia, en línea con la Guía OCDE-FAO; hacerlo así también podría contribuir a la alineación con estándares de reporte como los de la GRI. Por ejemplo, con respecto al Paso 1, las empresas podrían describir sus compromisos políticos en materia de CER, proporcionar enlaces a estos compromisos (si están disponibles públicamente o, en caso contrario, explicar el motivo), informar sobre el nivel en el que se aprobó cada uno de los compromisos dentro de la organización, incluyendo si se trata del nivel más alto, informar sobre la medida en que los compromisos se aplican a las actividades de la empresa y a sus relaciones comerciales, y describir cómo se comunican los compromisos políticos a los trabajadores, socios comerciales y otras partes interesadas. Además, las empresas deberían describir cómo integran cada uno de sus compromisos políticos en materia de CER en todas sus actividades y relaciones comerciales.

Sugerencias para pequeñas y medianas empresas

Todas las pymes:

- Decidir cómo y cuándo quiere comunicarse con sus clientes y socios comerciales de la forma más eficiente considerando sus recursos; puede realizarse por correo electrónico y con el apoyo de las redes sociales.
- Si elabora informes anuales, incluir en ellos información relevante sobre los riesgos de deforestación identificados y las medidas de mitigación.
- Si su empresa participa en iniciativas de certificación o protección forestal a nivel subnacional, nacional o internacional, comunicar sus esfuerzos para mitigar los riesgos de deforestación en línea con la Guía OCDE-FAO y este Manual.

Además, las pymes en los niveles superiores de la cadena de suministro pueden:

Considerar hacer uso de actualizaciones periódicas más breves, publicadas en sus instalaciones, sitio web o a través de las redes sociales.

Reparación de los impactos negativos

Este capítulo del Manual aborda las acciones que puede emprender una empresa cuando no ha conseguido prevenir o mitigar la deforestación, incluida la reparación.

Si bien la prevención de la deforestación debería ser prioritaria, puede haber casos en los que una empresa, mediante el ejercicio de la debida diligencia u otros medios, haya identificado casos reales de deforestación pero no los haya evitado o mitigado por completo. En tal caso, la empresa debería identificar el motivo y tomar medidas correctivas en relación con cualquier impacto negativo que se haya producido.

La empresa debería determinar por qué sus procedimientos de debida diligencia no lograron prevenir o mitigar los impactos negativos y tomar medidas correctivas para garantizar que el problema no se repita. El diálogo con las partes interesadas locales, incluidas las comunidades locales y los pueblos indígenas, la sociedad civil y el gobierno, será esencial para establecer mecanismos adecuados.

Cuando una empresa identifique que ha causado o contribuido a causar impactos negativos reales, puede adoptar una serie de medidas:

- Cuando sea posible, la empresa debería intentar que la *persona o personas afectadas* vuelvan a una situación similar a la que existiría si no se hubiera producido el impacto negativo. Esto puede incluir, cuando sea posible, la restitución de las tierras a los pueblos indígenas desposeídos o a las comunidades locales.
- Cuando sea posible, la empresa debería tratar de restaurar el *entorno afectado* al estado en que se encontraría si no se hubiera producido el impacto negativo, por ejemplo, mediante la restauración de bosques degradados o tierras deforestadas, y garantizando el mantenimiento a largo plazo de la zona restaurada.
- Cuando esto no sea posible (en muchos casos de deforestación puede no serlo), la empresa puede (1) proporcionar niveles apropiados de compensación en una forma acordada mutuamente por las comunidades afectadas (esto puede no ser siempre monetario; una comunidad podría considerar más apropiado el apoyo a la educación o a los servicios médicos, por ejemplo); y/o (2) proporcionar una compensación apropiada por los impactos ambientales, en particular las emisiones de gases de efecto invernadero y la pérdida de biodiversidad.
- Cuando proceda, la empresa puede prever o cooperar con mecanismos de reparación legítimos a través de los cuales las partes interesadas afectadas y los titulares de derechos puedan presentar reclamaciones y tratar de resolverlas con la empresa (véase también la sección sobre mecanismos de reclamación en el Paso 1 de la Guía OCDE-FAO).

Glosario

Las definiciones marcadas con un asterisco (*) son las definiciones estándar establecidas por la FAO (FAO, 2020[21]); las demás no han sido acordadas internacionalmente. Aunque también figuran en muchos marcos y legislaciones internacionales y nacionales, es importante señalar que las definiciones de algunos de estos términos, como "bosque", suelen ser diferentes en la legislación nacional y en los estándares voluntarios. Las empresas pueden adoptar definiciones diferentes, pero deberían asegurarse de que estén claramente establecidas en su estrategia corporativa en materia de deforestación.

Forestación: Establecimiento de un bosque mediante la plantación y/o siembra deliberada en tierras que, hasta entonces, tenían un uso diferente, lo que implica una transformación del uso de la tierra de no forestal a forestal.

Puntos de control o cuello de botella: Empresas que tienen mayor visibilidad y/o influencia sobre sus propios proveedores y sobre las relaciones comerciales en niveles superiores de la cadena de suministro que las empresas más próximas a los consumidores o usuarios finales. Pueden tener las siguientes características:

- Punto de transformación. Se sitúan en puntos clave de transformación en la cadena de suministro, donde la trazabilidad o la información de la cadena de custodia pueden agregarse o perderse.
- Número bajo. Hay relativamente pocas empresas en este punto específico de la cadena de suministro que procesan o manejan la mayoría de los insumos que transitan en los niveles superiores o inferiores de la cadena.
- Alto poder de influencia. Es el punto de mayor influencia sobre los proveedores y los actores situados en los niveles superiores de la cadena de suministro.
- Las auditorías se realizan aquí. Puntos en los que ya existen esquemas y programas de auditoría para aprovechar estos sistemas y evitar duplicados.

Conversión: Cambio de un bosque u otro ecosistema natural a otro uso de la tierra o cambio profundo en la composición de especies, estructura o función de un ecosistema natural.

Fecha límite: La fecha en la legislación o estándar después de la cual no se permite la deforestación en las parcelas o propiedades de origen si se quiere considerar que las materias primas o productos cumplen la legislación, estándar o política.

Deforestación*: La conversión de los bosques a otro tipo de uso de la tierra, independientemente de si es inducido por humanos o no.

Libre de deforestación: No existe una definición estándar para este término, pero en general se entiende como materias primas, productos o cadenas de suministro que no causan ni contribuyen a la deforestación o degradación forestal en su país de origen.

Bosque*: Tierras que se extienden por más de 0,5 hectáreas dotadas de árboles de una altura superior a 5 metros y una cobertura de copa superior al 10 por ciento, o de árboles capaces de alcanzar esta altura in situ. No incluye la tierra sometida a un uso predominantemente agrícola o urbano.

Degradación forestal: No existe una definición estándar de degradación forestal por parte de la FAO o de otro organismo. La FAO insta a los países a que la definan ellos mismos. La definición que figura en el Marco de rendición de cuentas (*Accountability Framework*), se aplica a los bosques y a otros ecosistemas naturales: "Cambios dentro de un ecosistema natural que afectan significativa y negativamente a su composición de especies, estructura y/o función y reducen la capacidad del ecosistema para suministrar productos, mantener la biodiversidad y/o prestar servicios ecosistémicos" (Accountability Framework Initiative, 2020[4]).

Acciones "positivas para los bosques": No existe una definición única de este término, pero en general se entiende como ir más allá de la mera gestión de los riesgos de deforestación en la cadena de suministro de una empresa, para lograr impactos positivos en los bosques y en los trabajadores y comunidades que dependen de ellos.

Enfoque de altas reservas de carbono: Metodología para distinguir las zonas forestales que deberían ser protegidas -aquellas que son importantes para las comunidades locales o tienen altos valores de carbono o biodiversidad- de las tierras degradadas que pueden ser urbanizadas, mediante un enfoque de planificación integrada del uso de la tierra.

Alto valor de conservación: Valor biológico, ecológico, social o cultural de extraordinaria relevancia o de importancia crítica.

Pueblos indígenas*: Las personas consideradas indígenas por el hecho de descender de poblaciones que habitaban en el país o en una región geográfica a la que pertenece el país en la época de la conquista o la colonización o del establecimiento de las actuales fronteras estatales y que, cualquiera que sea su situación jurídica, conservan todas sus propias instituciones sociales, económicas, culturales y políticas, o parte de ellas.

Enfoques jurisdiccionales o de paisaje: UICN define el enfoque de paisaje como aquel en el que los intereses de las diferentes partes interesadas en un paisaje se evalúan de forma integral y se alinean a través del diálogo. El enfoque de paisaje trabaja en la gestión sostenible del paisaje al mismo tiempo que considera el contexto socioeconómico completo en un área (UICN, 2023[22]).

Ecosistemas naturales: Un ecosistema que se asemeja sustancialmente -en términos de composición de especies, estructura y función ecológica- a uno que se encuentra o se encontraría en una zona determinada en ausencia de impactos humanos importantes. Esto incluye los ecosistemas gestionados por el hombre donde gran parte de la composición natural de las especies, la estructura y la función ecológica está presente.

Cero deforestación: Producción de materias primas, abastecimiento o inversiones financieras que no causan ni contribuyen a la deforestación. Esta definición se refiere a la *deforestación bruta*, es decir, cualquier conversión de bosques a otro uso de la tierra sin tener en cuenta las ganancias compensatorias en la cobertura forestal.

Anexo A. Recursos

Fuentes de datos sobre bosques y deforestación

Existen numerosas bases de datos, herramientas de procesamiento y plataformas que ayudan a obtener información sobre el área forestal, el tipo de bosque, la deforestación y la reforestación. Las bases de datos se refieren a los datos primarios o a los datos procesados utilizados para producir información. Todas las bases de datos enumeradas aquí se pueden descargar gratuitamente (por ejemplo, desde un sitio web) o consultar (por ejemplo, en un portal de datos web). Una vez descargadas, las bases de datos se pueden utilizar para análisis más sofisticados mediante programas informáticos de procesamiento de datos geoespaciales.

Las herramientas de procesamiento son algoritmos individuales o programas informáticos que pueden utilizarse para añadir valor a los datos o la información para elaborar productos y análisis de orden superior. La mayoría de las herramientas son de libre acceso, aunque algunas requieren licencias específicas para su uso comercial. Las plataformas de procesamiento son colecciones de herramientas basadas en la web o en ordenadores de escritorio capaces de proporcionar un soporte integral para el acceso a los datos y su procesamiento. Las plataformas también pueden ser de uso gratuito o requerir licencias para aplicaciones comerciales. En conjunto, estos recursos pueden ser muy valiosos para rastrear los impactos de la cadena de suministro a nivel local y global.

A la hora de buscar y utilizar datos sobre los bosques, es importante recordar algunos puntos clave sobre la información disponible. La cobertura arbolada y los bosques son diferentes. La cobertura arbolada describe una característica biofísica de la superficie de la Tierra (por ejemplo, hay árboles). El bosque, sin embargo, es un uso de la tierra y puede, o no, tener cobertura arbolada debido a las prácticas de gestión (por ejemplo, la eliminación temporal de árboles de la cosecha como parte de los ciclos normales de gestión o debido a los incendios). La deforestación, por lo tanto, se refiere a una pérdida de cobertura arbolada y a un cambio concurrente en el uso de la tierra, de bosque a no bosque. La degradación forestal se refiere a la pérdida de cobertura arbolada sin cambio en el uso de la tierra.

Comprender claramente estos términos ayudará a priorizar las bases de datos en función de la información buscada.

A la hora de buscar información sobre la deforestación en un país concreto, una empresa puede dirigirse a los puntos focales nacionales de REDD+ o a los sistemas nacionales de monitoreo forestal para obtener los datos públicos disponibles.

Las siguientes tablas no son exhaustivas y sólo pretenden ofrecer un panorama sólido de las herramientas y plataformas disponibles para acceder a la información relacionada con el cambio forestal a partir de junio de 2022. La mayor parte de la información se sintetiza y actualiza periódicamente en varios listados, como REDD Compass (https://www.reddcompass.org/) y Open MRV (https://openmrv.org). Se invita al lector a consultarlos para profundizar en el conocimiento de los datos y las herramientas.

Tabla A A.1. Bases de datos primarias

Bases de datos primarias	Tipo de información	Resolución espacial	Código abierto	Productor	Facilidad de uso	Actualización	Primeros datos disponibles	Escala geográfica	URL
MODIS	Imágenes ópticas	250-1 000m	Sí	NASA	Moderada	A diario	2000	Global	https://modis.gsfc.nasa.gov/
Landsat	Imágenes ópticas	30m	Sí	NASA	Moderada	16 días -	1972	Global	https://landsat.gsfc.nasa.gov/
Copernicus	Imágenes de radar y ópticas	10-20m	Sí	ESA	Moderada	5 días-	2015	Global	https://www.esa.int/Applications/Observing_the_Earth/Copernicus
PlanetNICFI	Imágenes ópticas	3-5m	Disponible a través del programa NICFI hasta al menos 2024	Planet	Moderada	A diario	2015	Tropical	https://www.planet.com/nicfi/

Tabla A A.2. Bases de datos procesadas

Bases de datos procesadas	Tipo de información	Resolución espacial	Código abierto	Productor	Facilidad de uso	Actualización	Primeros datos disponibles	Escala geográfica	URL
UMD GLAD	Imágenes, cobertura arbolada, cambio, alertas,	30m	Sí	Universidad de Maryland, Estados Unidos	Fácil	Mensual	2000	Global	https://glad.umd.edu/ https://lpdaac.usgs.gov/products/gfcc30fccv001/ https://glad.umd.edu/dataset/gedi https://firms.modaps.eosdis.nasa.gov/map/

Bases de datos procesadas	Tipo de información	Resolución espacial	Código abierto	Productor	Facilidad de uso	Actualización	Primeros datos disponibles	Escala geográfica	URL
	incendios								
JRC TMF	Cambios en la cobertura arbórea, incl. degradación	10-30m	Sí	Centro Común de Investigación, UE	Fácil	Anual	1992	Tropical	https://forobs.jrc.ec.europa.eu/TMF/explorer.php
Alertas GLAD (L&S)	Alertas	30m	Sí	Universidad de Maryland, Estados Unidos	Moderada	Mensual	2017	Global (L), América Latina (S)	https://glad.umd.edu/dataset/glad-forest-alerts
Alertas RADD (S)	Alertas	20m	Sí	Universidad de Wageningen, Países Bajos	Moderada	Mensual	2020	Bosque tropical húmedo primario	http://radd-alert.wur.nl
Dynamic World	LCLU	20m	Sí	Google, World Resources Institute	Moderada	A diario	2015	Global	https://developers.google.com/earth-engine/datasets/catalog/GOOGLE_DYNAMICWORLD_V1
ESA CCI	LCLU	300m	Sí	ESA	Moderada	Anual	1992	Global	http://maps.elie.ucl.ac.be/CCI/viewer/index.php
ESA Worldcover	LCLU	10m	Sí	ESA	Fácil	Anual	2020	Global	https://worldcover2020.esa.int/viewer
JAXA Forest / Non-forest	Cobertura arbolada	25-1 000m	Sí	JAXA	Fácil	Anual	2007	Global	https://earth.jaxa.jp/en/data/2555/index.html
JRC TMF	Cambios en la cobertura forestal, incl. degradación	10-30m	Sí	Centro Común de Investigación, UE	Fácil	Anual	1992	Tropical	https://forobs.jrc.ec.europa.eu/TMF/explorer.php
Crowther Lab layers	Potencial de restauración forestal, biomasa, densidad arbórea	30m300m	Sí	ETH Zurich	Fácil	-	-	Global	https://crowtherlab.com/maps/#/

Tabla A A.3. Plataformas / herramientas de acceso a datos

Plataformas / herramientas de acceso a datos	Descripción	URL
Global Forest Watch	Global Forest Watch (GFW 2.0) es una plataforma en línea dirigida por el World Resources Institute (WRI) que proporciona datos y herramientas para el monitoreo de los bosques. GFW 2.0 ofrece un panel de control con estadísticas zonales precalculadas sobre diversos productos del cambio de la cobertura arbolada y la extensión forestal, esencialmente a nivel nacional y subnacional. También permite a los usuarios visualizar las bases de datos GLAD en un geoportal y afinar esos cálculos para zonas definidas por el usuario.	www.globlaforestwatch.org
Terra-i	Terra-i detecta los cambios en la cubierta terrestre provocados por las actividades humanas casi en tiempo real, con actualizaciones cada 16 días. Actualmente funciona en toda América Latina y el trópico. Está dirigido por el CIAT.	www.terra-i.org
Series de los *Recursos Forestales Mundiales* de la FAO	La Evaluación de los recursos forestales mundiales (FRA) de la FAO proporciona información esencial para comprender la extensión de los recursos forestales, su estado, gestión y usos, a nivel nacional.	https://fra-data.fao.org/
OpenForis EarthMap	EarthMap es una herramienta de análisis rápido e histórico del medio ambiente y el clima basada en Google Earth Engine y desarrollada en el marco de la iniciativa Open Foris de la FAO.	https://earthmap.org
MapBiomas	Recopilación y publicación de información sobre Uso de la tierra, cambio de uso de la tierra y selvicultura (LULUCF) en la Panamazonia; el Cerrado, la Pampa y el Pantanal brasileños; la región de El Chaco; y los bosques tropicales de Indonesia.	https://mapbiomas.org

Tabla A A.4. Plataformas / herramientas de procesamiento de datos

Plataformas / herramientas de procesamiento de datos	Descripción	URL
Google Earth Engine	Google Earth Engine es un servicio de procesamiento geoespacial basado en Google Cloud Platform. El propósito de Earth Engine es: proporcionar una plataforma interactiva para el desarrollo de algoritmos geoespaciales a escala; posibilitar la ciencia de alto impacto basada en datos; y lograr avances sustanciales en los desafíos globales que implican grandes bases de datos geoespaciales.	https://code.earthengine.google.com/
OpenForis SEPAL	SEPAL es una plataforma de computación en la nube que permite a los usuarios consultar y procesar datos satelitales de forma rápida y eficiente, adaptar sus productos a las necesidades locales, y producir rápidamente análisis geoespaciales sofisticados y relevantes. Aprovechando los superordenadores basados en la nube y las infraestructuras modernas de datos geoespaciales (por ejemplo, Google Earth Engine), SEPAL permite acceder y procesar una amplia gama de datos satelitales.	https://sepal.io
OpenForis Collect Earth	Collect Earth es una herramienta que permite recopilar datos a través de Google Earth. Junto con Google Earth, Bing Maps y Google Earth Engine, los usuarios pueden analizar imágenes satelitales de alta y muy alta resolución para una gran variedad de propósitos.	https://openforis.org/tools/collect-earth/
OpenForis Collect Earth Online	Collect Earth Online (CEO) es la próxima generación de tecnología de crowdsourcing basada en la web para análisis de ciencias de la tierra (Earth Science analyses). Permite a los usuarios recopilar datos de referencia utilizando imágenes satelitales de alta resolución y análisis de big data a través de Google Earth Engine. Varios usuarios pueden recopilar información simultáneamente.	https://collect.earth/
Open Data Cubes	El Open Data Cube (ODC) es un proyecto de software de gestión y análisis de datos geoespaciales de código abierto que ayuda a aprovechar la potencia de los datos satelitales. En esencia, el ODC es un conjunto de bibliotecas Python y una base de datos	https://www.opendatacube.org/

Plataformas / herramientas de procesamiento de datos	Descripción	URL
	PostgreSQL que ayuda a los usuarios a trabajar con datos geoespaciales rasterizados. El ODC proporciona una arquitectura de explotación abierta y de libre acceso y pretende fomentar una comunidad que desarrolle, sostenga y haga crecer la tecnología y la amplitud y profundidad de sus aplicaciones en beneficio de la sociedad.	
Digital Earth Africa	La plataforma y los servicios de DEA permiten a los gobiernos africanos, a la industria y a los tomadores de decisiones hacer un seguimiento de los cambios en todo el continente con un detalle sin precedentes. Esto proporciona información valiosa para una mejor toma de decisiones en muchas áreas, incluyendo las inundaciones, la sequía, la erosión del suelo y la costa, la agricultura, la cobertura forestal, el uso de la tierra y el cambio en la cobertura del suelo, la disponibilidad y calidad del agua, y los cambios en los asentamientos humanos.	https://www.digitalearthafrica.org/
EU Forestry Thematic Exploitation Platform	La EU Forestry Thematic Exploitation Platform (Forestry TEP) permite a los usuarios comerciales, gubernamentales y de investigación del sector forestal a nivel global acceder eficientemente a servicios y herramientas de procesamiento basados en datos satelitales para generar productos de información forestal de valor añadido. A través de la plataforma, los usuarios también pueden crear y compartir sus propios servicios de procesamiento, herramientas y productos generados.	https://f-tep.com/
Propuesta de Observatorio de la UE	El Observatorio europeo sobre deforestación y degradación forestal, que aún no ha entrado en funcionamiento, tiene como objetivo proporcionar información abierta, transparente y gratuita sobre la pérdida y la degradación forestal y sobre el comercio de la UE en materias primas y productos relevantes.	

Tabla A A.5. Herramientas de mapeo de la cadena de suministro

Herramientas de mapeo de la cadena de suministro	Descripción	URL
SPOTT	SPOTT es una plataforma en línea gratuita que evalúa a los productores, procesadores y comerciantes de materias primas en cuanto a la divulgación pública de su organización, políticas y prácticas relacionadas con cuestiones ambientales, sociales y de gobierno corporativo (ASG). Dispone de un panel de control para descargar datos de evaluaciones, analizar tendencias y acceder a más recursos.	https://www.spott.org
TRASE	TRASE es una herramienta de mapeo de la cadena de suministro a escala con tres características principales: Vincula sistemáticamente a los agentes individuales de la cadena de suministro con regiones de producción subnacionales específicas, así como con los riesgos de sostenibilidad y las oportunidades de inversión asociadas a dichas regiones; Identifica las empresas individuales que exportan, envían e importan una determinada materia prima comercializada; y abarca todas las exportaciones de una determinada materia prima desde un determinado país de producción.	https://supplychains.trase.earth
Open Land Contracts	Open Land Contracts es un repositorio global de contratos disponibles públicamente y de documentos relacionados para la agricultura, la silvicultura y otros proyectos de inversión basados en la tierra. Los usuarios pueden acceder a los documentos originales en formato PDF; al texto completo de cada contrato; a resúmenes en lenguaje sencillo de las principales disposiciones sociales, de derechos humanos, ambientales, fiscales y operativas; y a herramientas para buscar y comparar contratos.	https://openlandcontracts.org

Normas voluntarias de sostenibilidad y sistemas de certificación

Las normas voluntarias de sostenibilidad[6] y los sistemas de certificación[7] basados en ellas tienen un papel potencialmente importante en los marcos de debida diligencia que cubren la deforestación, junto con otras herramientas. Suelen contener una serie muy detallada de criterios medioambientales, sociales y económicos que deberían cumplir los productos certificados conforme a su estándar, junto con sistemas de cadena de custodia, verificación, garantía y monitoreo del proceso de certificación. Muchos sistemas de estándares tienen fuertes elementos participativos e inclusivos, ya sea porque están organizados como mesas redondas de múltiples partes interesadas del sector de las materias primas o porque su estándar es revisado periódicamente en un proceso participativo, o ambas cosas. Sin embargo, existen variaciones significativas entre los diferentes estándares y esquemas y su gobernanza.

En principio, se pueden utilizar distintos tipos de normas voluntarias de sostenibilidad y certificaciones como:[8]

- un medio para adoptar criterios relacionados con la protección de los bosques y para evitar la deforestación después de una fecha límite específica para la política forestal de una empresa.
- una fuente de información en la etapa de evaluación de riesgos de un sistema de debida diligencia.
- una herramienta que se utiliza en la fase de mitigación de riesgos de un sistema de debida diligencia.
- un marco para colaborar y apoyar a los agricultores y otros actores de la cadena de suministro.

Algunas normas voluntarias de sostenibilidad y sistemas de certificación han desarrollado sistemas más sencillos para la verificación de una gama más limitada de criterios cuando los materiales certificados se mezclan con materiales no certificados que, por ejemplo, se requiere que no hayan sido recolectados ilegalmente. También existen algunos sistemas de verificación de legalidad más sencillos, que verifican si los productos se han producido de acuerdo con las leyes nacionales de sus países de origen; incluidas las leyes relacionadas con la deforestación.

Los sistemas de certificación y las normas voluntarias de sostenibilidad pueden proporcionar herramientas valiosas para ayudar a las empresas a aplicar los pasos descritos en este Manual y, sobre todo, a menudo también incorporan una gama de criterios más amplia que la mera conservación de los bosques y el cambio de uso de la tierra. Sin embargo, las empresas siguen siendo las máximas responsables de su proceso de debida diligencia y tienen una responsabilidad en cada uno de los pasos. Una certificación, por sólida o exhaustiva que sea, no puede reemplazar esta responsabilidad. Más bien, las empresas que utilizan certificaciones deberían comprobar y basarse en la información que reciben a través de sus propias verificaciones basadas en el riesgo. Es posible que las certificaciones no satisfagan todos los requisitos de la legislación nacional en materia de debida diligencia. Deberían considerarse un componente potencial importante de la política de debida diligencia de la empresa y una fuente de información para la misma, no un sustituto.

La siguiente tabla enumera algunas de las principales normas voluntarias de sostenibilidad y sistemas de certificación de materias primas mencionados en este Manual. Sólo se han incluido algunos de los que tienen cobertura internacional; también existen muchos sistemas nacionales y regionales, en particular, aunque no únicamente, para la madera y los productos madereros. La tabla tampoco incluye las mesas redondas de materias primas que aún no han desarrollado sistemas de certificación; algunos ejemplos son la Mesa redonda global para la carne sostenible (*Global Roundtable for Sustainable Beef*) y la Plataforma global para el caucho natural sostenible (*Global Platform for Sustainable Natural Rubber*).

También hay estándares apoyados por el gobierno (y a veces obligatorios), enumerados en la Tabla A A.7.

Tabla A A.6. Normas voluntarias de sostenibilidad y esquemas de certificación

Estándar / sistema de certificación	Materias primas cubiertas	URL
Bonsucro	Caña de azúcar	https://bonsucro.com
Fairtrade	Amplia gama de productos, como cacao, café, azúcar, té	https://www.fairtrade.net
Asociación 4C (Código Común para la Comunidad Cafetera)	Café	https://www.4c-services.org
Certificación de Sostenibilidad Internacional y de Carbono (ISCC)	Biomasa agrícola y forestal, desechos y residuos biogénicos; utilizada principalmente para materias primas de biocarburantes como los aceites vegetales	https://www.iscc-system.org
Consejo de Administración Forestal (FSC)	Productos madereros	https://fsc.org
Programa para el Reconocimiento de la Certificación Forestal (PEFC) (reconoce los sistemas nacionales de certificación forestal alineados con las normas PEFC)	Productos madereros	https://pefc.org
ProTerra	Cualquier producto agrícola; utilizado principalmente para la soja	https://www.proterrafoundation.org
Rainforest Alliance	Amplia gama de productos, como cacao, café, aceite de palma, té	https://www.rainforest-alliance.org
Mesa redonda sobre soja responsable (RTRS)	Maíz, soja	https://responsiblesoy.org
Mesa redonda sobre biomateriales Sostenibles (RSB)	Amplia gama de materias primas de origen biológico y materiales derivados de la biomasa; utilizados principalmente para materias primas de biocombustibles	https://rsb.org
Mesa Redonda sobre Aceite de Palma Sostenible (RSPO)	Aceite de palma	https://rspo.org
Programa de biomasa sostenible (SBP)	-Biomasa leñosa utilizada en la producción industrial de energía a gran escala	https://sbp-cert.org

Tabla A A.7. Normas nacionales de sostenibilidad y esquemas de certificación

Estándar / sistema de certificación	Materias primas cubiertas	URL
Norma africana para el cacao sostenible	Cacao	No disponible
Aceite de palma sostenible de Indonesia (ISPO)	Aceite de palma	No disponible
Aceite de palma sostenible de Malasia	Aceite de palma	https://www.mpocc.org.my/about-mspo

Otras fuentes de información relevantes

Tabla A A.8. Otras fuentes de información relevantes

Nombre	Descripción	URL
Marco de rendición de cuentas (Accountability Framework)	Conjunto de normas, definiciones y lineamientos para lograr cadenas de suministro éticas en la agricultura y la silvicultura, con el objetivo de aportar claridad y consistencia a la forma en que las empresas establecen compromisos, toman medidas, y monitorean el progreso hacia el establecimiento de cadenas de suministro libres de deforestación, conversión y violaciones de los derechos humanos. Incluye protocolos y directrices para muchos de los pasos tratados en este Manual.	https://accountability-framework.org
CDP Forests	Marco para que las empresas midan y gestionen los riesgos y oportunidades relacionados con los bosques, comuniquen sus avances, y se	https://www.cdp.net/en/forests

Nombre	Descripción	URL
	comprometan a actuar para restaurar los bosques y ecosistemas.	
Derechos colectivos de tenencia para la aplicación de REDD+ y el desarrollo sostenible	Documento técnico que proporciona información y estudios de casos sobre la contribución de los derechos colectivos de tenencia para detener la deforestación y mitigar el cambio climático (Programa ONU-REDD de la FAO).	https://doi.org/10.4060/cb3521en
Manual del consentimiento libre, previo e informado (CLPI) de la FAO	Proporciona información para profesionales sobre el derecho al CLPI y cómo puede aplicarse en seis pasos.	https://www.fao.org/3/i6190e/i6190e.pdf
Iniciativa de Reporte Global (GRI)	Amplia gama de estándares para el reporte de sostenibilidad.	https://www.globalreporting.org
ISEAL	Red de normas voluntarias de sostenibilidad, incluidas muchas de las enumeradas anteriormente. Establece códigos de buenas prácticas y principios de credibilidad para ayudar a los usuarios a tomar decisiones informadas sobre estándares creíbles.	https://www.isealalliance.org
Proceso de evaluación de alineamiento de la OCDE (*OECD Alignment Assessments process*)	Busca evaluar el alineamiento de las iniciativas industriales o de múltiples partes interesadas, como los sistemas de certificación, con las recomendaciones de la Guía de la OCDE de debida diligencia para una conducta empresarial responsable y las guías de debida diligencia sectoriales.	https://www.oecd.org/corporate/industry-initiatives-alignment-assessment.htm
Academia de aprendizaje online de la OCDE sobre conducta empresarial responsable	Los cursos incluyen la debida diligencia de la OCDE en las cadenas de suministro de productos agrícolas y marinos.	https://mneguidelines.oecd.org/oecd-e-learning-academy-on-responsible-business-conduct.htm
Principios para la inversión responsable en la agricultura y los sistemas alimentarios. Comité de Seguridad Alimentaria Mundial	El Comité de Seguridad Alimentaria Mundial (CSA) aprobó el 15 de octubre de 2014 los Principios para la inversión responsable en la agricultura y los sistemas alimentarios. Su objetivo es abordar los elementos centrales que hacen que la inversión en agricultura y sistemas alimentarios sea responsable; Identificar quiénes son las partes interesadas clave, y sus respectivos roles y responsabilidades en materia de inversión responsable en agricultura y sistemas alimentarios; servir como marco para orientar las acciones de todas las partes interesadas involucradas en la agricultura y los sistemas alimentarios mediante la definición de principios que puedan promover una inversión responsable tan necesaria, mejorar los medios de subsistencia y prevenir y mitigar los riesgos para la seguridad alimentaria y la nutrición.	https://www.fao.org/3/au866e/au866e.pdf
Directrices voluntarias sobre la gobernanza responsable de la tenencia de la tierra, la pesca y los bosques en el contexto de la seguridad alimentaria nacional (VGGT)	Directrices avaladas internacionalmente que sirven de referencia y establecen principios y estándares internacionalmente aceptados para la gobernanza responsable de la tenencia. Acompañadas de guías técnicas, incluido sobre el respeto del consentimiento libre, previo e informado, y cursos de aprendizaje online.	https://www.fao.org/tenure/voluntary-guidelines/en/

Referencias

Accountability Framework Initiative (2020), *Definitions*, https://accountability-framework.org/the-framework/contents/definitions/. [4]

Banco Mundial (2019), *Illegal Logging, Fishing and Wildlife Trade: The costs and how to combat it*, http://hdl.handle.net/10986/32806. [15]

CDP/AFI (2022), *From Commitments to Action at Scale*, https://www.cdp.net/en. [17]

FAO (2022), *Encuesta de teledetección 2020, Evaluación de los recursos forestales mundiales (FRA)*, https://www.fao.org/forest-resources-assessment/remote-sensing/fra-2020-remote-sensing-survey/en/. [7]

FAO (2022), *The State of Agricultural Commodity Markets 2022. The geography of food and agricultural trade: Policy approaches for sustainable development*, https://www.fao.org/documents/card/en/c/cc0471en. [13]

FAO (2021), *Primeros resultados de la Encuesta de teledetección de 2020 de la Evaluación de los Recursos Forestales*, https://www.fao.org/3/cb7449en/cb7449en.pdf. [8]

FAO (2020), *Evaluación de los recursos forestales mundiales 2020*, https://www.fao.org/forest-resources-assessment/2020/es. [3]

FAO (2020), *Evaluación de los recursos forestales mundiales 2020: Términos y Definiciones*, https://www.fao.org/3/cc4691es/cc4691es.pdf. [21]

FAO (2016), *Consentimiento Libre, Previo e Informado (CLPI): Un derecho de los pueblos indígenas y una buena práctica para las comunidades locales*, http://www.fao.org/3/I6190E/i6190e.pdf. [20]

FAO (2014), *Principios para la inversión responsable en la agricultura y los sistemas alimentarios (Principios del CSA)*, https://www.fao.org/3/au866s/au866s.pdf. [19]

FAO y PNUMA (2020), "El estado de los bosques del mundo 2020", in *El estado de los bosques del mundo: los bosques, la biodiversidad y las personas*, https://www.fao.org/documents/card/en/c/ca8642es. [5]

Federici, S. (2015), "New estimates of CO2 forest emissions and removals: 1990-2015", *Forest Ecology and Management*, Vol. 352, https://doi.org/10.1016/j.foreco.2015.04.022. [6]

Forest Trends (2021), *Illicit Harvest, Complicit Goods: The State of Illegal Deforestation for Agriculture*, https://www.forest-trends.org/wp-content/uploads/2021/05/Illicit-Harvest-Complicit-Goods_rev.pdf. [14]

Geist, H. (2002), "Proximate Causes and Underlying Driving Forces of Tropical Deforestation.", *BioScience*, Vol. 52(2), pp. 143-150, https://doi.org/10.1641/0006-3568(2002)052[0143:PCAUDF]2.0.CO;2. [9]

Lacey (2008), *Lacey Act*, https://www.aphis.usda.gov/aphis/ourfocus/planthealth/import-information/lacey-act/lacey-act. [2]

OCDE (2018), *Guía de la OCDE de Debida Diligencia para una Conducta Empresarial Responsable*, OCDE, https://mneguidelines.oecd.org/Guia-de-la-OCDE-de-debida-diligencia-para-una-conducta-empresarial-responsable.pdf. [18]

OCDE/FAO (2021), *OCDE-FAO Perspectivas Agrícolas 2021-2030*, OECD Publishing, Paris, https://doi.org/10.1787/47a9fa44-es. [10]

OCDE/FAO (2016), *Guía OCDE-FAO para las cadenas de suministro responsable en el sector agrícola*, OECD Publishing, Paris, https://doi.org/10.1787/9789264251052-en. [1]

ONU (2019), *World Population Prospects 2019 – Highlights*, https://doi.org/10.18356/13bf5476-en. [11]

ONU (n.d.), *Commitment on Eliminating Agricultural Commodity-Driven Deforestation and Increasing Investments in NbS*, https://climatechampions.unfccc.int/system/nature-and-tackling-deforestation/. [23]

Pendrill, F. (2019), "Deforestation displaced: trade in forest-risk commodities and the prospects for a global forest transition", *Environmental Research Letters*, Vol. 14/5, https://doi.org/10.1088/1748-9326/ab0d41. [16]

UICN (2023), *Landscape Approach*, https://www.iucn.nl/en/our-work/landscape-approach/. [22]

Van Dijk, M. (2021), "A meta-analysis of projected global food demand and population at risk of hunger for the period 2010–2050.", *Nature Food*, Vol. 2(7), pp. 494–501, https://doi.org/10.1038/s43016-021-00322-9. [12]

Notas

[1] Las Perspectivas agrícolas 2022 de la OCDE y de la FAO 2022-31 ilustran la creciente necesidad de promover una producción agrícola sostenible, incluida la adaptación a los diferentes contextos específicos de cada región para equilibrar la producción de alimentos con otros cultivos y la conservación de los recursos naturales (OCDE/FAO, 2021[10]).

[2] Además de estas iniciativas globales, existen muchas iniciativas regionales y nacionales para combatir la deforestación en las cadenas de suministro agrícolas.

[3] Véase, por ejemplo, el compromiso del sector financiero para eliminar la deforestación causada por los productos básicos, anunciado en la COP 26 (ONU, n.d.[23]), mientras que en la COP 27 los países de la Alianza de Líderes de Bosques y Clima prometieron responsabilizarse mutuamente por el compromiso de poner fin a la deforestación para 2030: https://www.euronews.com/green/2022/11/07/cop27-more-than-25-countries-band-together-to-keep-deforestation-pledges-made-in-glasgow

[4] Para más Información, véase la nota informativa sobre Traducir un enfoque de debida diligencia basado en el riesgo a la ley (*Translating a risk-based due diligence approach into law)*: http://mneguidelines.oecd.org/translating-a-risk-based-due-diligence-approach-into-law.pdf

[5] Cuando una auditoría se considera apropiada, la independencia y la calidad de las auditorías son fundamentales para su eficacia. Los auditores deben ser independientes, competentes y responsables. Las empresas pueden considerar recurrir a una institución independiente encargada de acreditar a los auditores, verificar las auditorías, publicar los informes de auditoría, implementar módulos para capacitar a los proveedores para llevar a cabo la debida diligencia, y ayudar a hacer un seguimiento de las reclamaciones de las partes interesadas.

[6] Para más información sobre las normas voluntarias de sostenibilidad y su rol, véase el sitio web del Foro de las Naciones Unidas sobre Normas de Sostenibilidad (UNFSSS): https://unfss.org/home/about-unfss/

[7] ISEAL define la certificación como la emisión de una declaración de tercerosque demuestra que se ha cumplido con los requisitos de conformidad especificados (ISEAL, adaptación de ISO 17 000)": https://www.isealalliance.org/sites/default/files/resource/2018-02/ISEAL_Assurance_Code_Version_2.0.pdf

[8] Para más información, véase la nota informativa sobre el papel de las iniciativas de sostenibilidad en la debida diligencia obligatoria (*Background note on Regulatory Developments concerning Due Diligence for Responsible Business Conduct*): https://mneguidelines.oecd.org/the-role-of-sustainability-initiatives-in-mandatory-due-diligence-note-for-policy makers.pdf

www.ingramcontent.com/pod-product-compliance
Lightning Source LLC
LaVergne TN
LVHW082050051026
849532LV00011B/3549
* 9 7 8 9 2 6 4 6 4 4 7 2 4 *